A

VIDA

no Outro Lado

SYLVIA
BROWNE

com Lindsay Harrison

autora de *O Outro Lado da Vida*

A
VIDA
no Outro Lado

SEXTANTE

Publicado originalmente nos Estados Unidos com o título
Life on the Other Side, de Sylvia Browne com Lindsay Harrison,
publicado por Dutton, uma divisão da Penguim Putnam, Inc.

tradução
Simone Lemberg Reisner
preparo de originais
Regina da Veiga Pereira
revisão
José Tedin Pinto
Sérgio Bellinello Soares
diagramação e projeto gráfico
Valéria Facchini de Mendonça
capa
Silvana Mattievich
fotolitos
Mergulhar Serviços Editoriais Ltda.
impressão
Yagraf Gráfica e Editora Ltda.

CIP-BRASIL. CATALOGAÇÃO-NA-FONTE
SINDICATO NACIONAL DOS EDITORES DE LIVROS, RJ.

B898o Browne, Sylvia
A vida no outro lado / Sylvia Browne com Lindsay Harrison ;
tradução de Simone Lemberg Reisner. – Rio de Janeiro :
Sextante, 2001.

Tradução de: Life on the other side
ISBN 85-86796-95-6

1. Vida Eterna. 2. Morte. 3. Espiritismo. I.
Harrison, Lindsay. II. Título.

01-1189. CDD 133.9013
CDU 133.7

Editora Sextante (GMT Editores Ltda.)
Av. Nilo Peçanha, 155 – Gr. 301 – Centro
20020-100 – Rio de Janeiro – RJ
Tel.: (21) 2524-6760 – Fax: (21) 2524-6755
Central de Atendimento: 0800-22-6306
E-mail: atendimento@esextante.com.br
www.esextante.com.br

Dedicatórias

de Sylvia:

Para os meus anjos na Terra,
Angelia,
Willy e
Jeffrey

de Lindsay:

Para Chance e Sylvia,
por me mostrarem, sem sombra de dúvida,
que ele realmente não se foi

ÍNDICE

AGRADECIMENTOS

Na certeza de que muitas famílias [illegible] [illegible] [illegible] [illegible] [illegible] [illegible] [illegible] [illegible]

[illegible] [illegible] Nancy [illegible] [illegible] [illegible] [illegible] [illegible]

[illegible] [illegible] Kirk [illegible]

Agradecimentos

Na certeza de que minha família, amigos, funcionários, sacerdotes e colegas conhecem a profundidade do meu amor e gratidão, posso dirigir meus agradecimentos a três pessoas especiais: minha nora Nancy Barteletti Dufresne, que me permitiu compartilhar sua bela poesia, e Christina e Kirk Simonds.

Do Outro Lado

Comunicações

[illegible]

[illegible]

[illegible]

[illegible]

[illegible]

1

Do Outro Lado: Como sei o que sei

Acredito no Outro Lado e na eternidade da alma. Acredito que nossos espíritos realizam inúmeras vezes a viagem de ida e volta deste mundo para o Outro Lado, por sua própria escolha, para aprender e experimentar, promovendo o aprimoramento contínuo da alma dada por Deus a cada um de nós. Acredito que apenas um fino véu separa nossa dimensão terrena da dimensão do Outro Lado. Acredito que o Outro Lado é o Lar, de onde todos nós viemos e para onde voltaremos, e que carregamos conosco lembranças bastante reais desse Lar em nossa mente espiritual. E acredito que é no Outro Lado, entre os períodos aos quais chamamos "existências", que estamos mais vivos.

Eu creio firmemente em cada uma dessas coisas. Por algum motivo muitas pessoas acham que pelo fato de eu ter nascido médium, numa família com trezentos anos de tradição mediúnica, sou geneticamente crédula e tenho uma tendência a me deixar seduzir por qualquer balela sobrenatural.

Mas acontece que sou uma das pessoas mais céticas que você poderia encontrar e sou quase viciada em pesquisa. Minha fé em

Deus foi sempre inabalável, mas a menos que eu veja, saboreie, cheire, toque e experimente, não aceito nada como verdade absoluta e continuo buscando respostas. Eu jamais faria você perder tempo com um livro repleto de belas fantasias e ilusões sobre o Outro Lado. Gosto muito de contos de fadas, mas só quando eles estão devidamente identificados como ficção e são utilizados como ligeiras e agradáveis fugas da realidade. O Outro Lado é real, é tão verdadeiro quanto o chão sobre o qual caminhamos, o corpo que nossos espíritos habitam, o ar que respiramos. E a verdade sobre o Outro Lado é mais emocionante, reconfortante, terna e poderosa do que qualquer conto de fadas jamais poderia ser.

Em vez de apenas pedir-lhe que acredite em minhas palavras, prefiro partir do princípio de que o seu ceticismo é igual ao meu e fazer você conhecer os sessenta e três anos de caminhos e desvios que me levaram à verdade. Assim, poderemos fazer esse passeio pelo Outro Lado experimentando uma alegria confiante, livre de qualquer receio.

Nasci com a herança de um dom mediúnico, dado por Deus, em Kansas City, no Missouri, no dia 19 de outubro de 1936. Nem meu querido pai, William L. Shoemaker, nem minha não tão querida mãe eram médiuns. O dom pulou uma geração e passou diretamente de minha adorada avó materna, Ada Coil, médium das mais brilhantes, para mim. Vovó Ada era minha mentora, minha inspiração e minha fonte constante da certeza de que ser médium não era o fardo assustador que muitas vezes eu pensava. Ela costumava dizer que "eu era a única pessoa da família que se rebelou contra esse dom". Estava certa. Enquanto não o compreendi e descobri que poderia usá-lo para ajudar as pessoas, esse era um dom que eu teria dispensado com o maior prazer.

Da mesma maneira que um dom musical pode se manifestar de diferentes formas – de cantor a compositor, de músico a maestro –, as peculiaridades do dom mediúnico variaram em minha família de uma geração para a outra. Alguns de nós podem entrar em transe e permitir que uma entidade espiritual veja, fale e ouça através de nosso corpo. Outros, inclusive minha avó Ada e meu filho Christopher, que também é médium, não podem ou não desejam fazê-lo. Alguns de meus ancestrais e minha neta Angelia, cujos dotes mediúnicos são impressionantes, possuem um poder psicocinético, ou seja, a habilidade de manipular objetos através da mente. Eu não tenho essa habilidade e nem Christopher, o pai de Angelia. As variações são inúmeras, mas o ponto básico permanece o mesmo: mesmo quando eram jovens demais para compreender o que estava acontecendo, os médiuns de minha família tiveram, de alguma maneira, inúmeros e inegáveis encontros com o Outro Lado.

A maior parte das minhas experiências mediúnicas infantis foram visuais. Eu tinha cinco anos quando, num jantar em família, vi os rostos de minhas duas bisavós, que estavam à mesa conosco, derretendo, a pele escorrendo lentamente pelos pescoços como se fosse lava, deixando seus crânios desnudos. Cerca de duas semanas depois ambas morreram e, até que vovó Ada me explicasse que o que eu vira eram visões mediúnicas, eu fiquei convencida de que as havia matado. Ainda com cinco anos, descobri que possuía a repugnante e involuntária habilidade de enxergar dentro das pessoas, como um aparelho de raios X tridimensional, com cores reais. Tente levar uma infância normal quando um parente ou qualquer pessoa vai à sua casa e tudo o que você vê é um fígado doente ou um pulmão devastado por um tumor flutuando na sala de estar.

Como eu não conseguia conceber toda uma existência enxergando rostos derretidos e órgãos infectados, fui reclamar com vovó Ada, a única pessoa que poderia me entender. Ela me ensinou que, da mesma maneira que Deus nos dá esse dom, Ele pode nos ajudar a aperfeiçoá-lo. "Peça a Ele que não lhe mostre nada com que você não possa lidar", disse ela. Foi o que fiz, e Ele ouviu as preces de uma criança assustada. As visões continuaram a aparecer, poderosas e intensas como sempre, mas as imagens passaram a ser mais "apropriadas para a minha idade".

Por exemplo, na semana anterior ao Halloween, uma pequenina colega de turma chamada Pam foi à minha casa mostrar a fantasia de bruxa, feita de papel, que ela iria usar naquele ano. No instante em que ela parou perto da porta, eu a "vi" cercada de chamas, como se fosse uma aura de fogo. No momento eu não sabia o significado daquilo, mas logo depois Pam, que estava rodopiando pela sala, se aproximou da grade do aquecedor e, de repente, sua fantasia de papel pegou fogo. Agindo num impulso, eu a joguei no chão e a envolvi com um tapete, apagando o fogo antes mesmo que meus pais aparecessem atraídos pelos gritos apavorados da menina. Minha visão mediúnica de Pam cercada pelas chamas foi precisa, mas um pouco menos violenta do que os rostos derretendo ou os órgãos doentes aos quais eu era submetida antes. Estou convencida de que essa visão apurou meus sentidos e me permitiu ajudar em vez de entrar em pânico quando, minutos depois, ela se tornou realidade.

Eu estava no início de minha adolescência quando "vi" minha amiga Joan bater gravemente a cabeça no painel de um automóvel azul. Eu lhe falei sobre isso e implorei para que ela não entrasse em carros dessa cor. Dias depois, o automóvel de seu namorado apresentou um defeito e o rapaz pediu ao pai que lhe emprestasse o seu – um automóvel azul. Felizmente, Joan já me conhecia o bastante para levar meu aviso em consideração – ela já estava entrando no veículo quando mudou de idéia e disse que não iria. Horas depois, o rapaz bateu num poste de luz. Ele não teve grandes ferimentos, pois o lugar do motorista não foi muito atingido, mas o assento ao seu lado ficou totalmente destruído.

Algo com que eu conseguia lidar sem entrar em pânico eram as visões de espíritos, que têm sido uma parte constante de minha realidade há sessenta e três anos. Eles começaram suas visitas noturnas no início da minha infância. Jamais esquecerei de estar deitada na cama, no escuro, observando vultos tomarem forma, um após outro, até ocuparem quase todo o quarto, como se no mundo espiritual uma notícia tivesse se espalhado: "Se você quiser ser visto, há uma festa na casa de Sylvia." Eles nunca me ameaçaram nem prestavam muita atenção em mim, simplesmente se juntavam e tratavam de seus assuntos até que o dia clareasse, momento em que se tornavam invisíveis. Mais uma vez fui reclamar com vovó Ada, que, tranqüilamente, me entregou uma lanterna para que eu deixasse no quarto na hora de dormir. Deu certo, graças a Deus. Desde aquele dia nunca mais consegui dormir num quarto totalmente escuro, pois no instante em que tento fazê-lo o quarto começa a se encher de espíritos. Quando eu era criança, isso me assustava. Como adulta, é apenas um tanto incômodo ter uma multidão de visitas sombrias que aparecem sem convite todas as vezes que coloco a cabeça no travesseiro.

Eu e meu filho Chris levamos minha neta Angelia para assistir a um filme chamado *O Sexto Sentido* e, como a visão de espíritos é rotineira para nós, apreciamos muito a maneira precisa com que uma de nossas realidades diárias foi retratada. Ficamos desejando que o menino do filme tivesse passado mais tempo tentando convencer os fantasmas ao seu redor de que estavam mortos e que deviam caminhar em direção à luz até o Outro Lado, mas isso é assunto para outra parte do livro. O filme me trouxe de volta uma lembrança de infância há muito esquecida, quando vovó Ada perdeu um pequeno arquivo de aço repleto de papéis pessoais de grande importância. Ela havia procurado a caixa por todos os lugares antes de comentar o assunto comigo. Assim que o fez, vi claramente uma mulher pequenina, um tanto feia – minha bisavó, como descobrimos mais tarde –, apontando para a parte de trás de uma enorme escrivaninha. Contei à vovó Ada, excitada por estar vendo um espírito que ela não podia ver – o que era raro –, e ela finalmente se lembrou que, antes de uma viagem, tinha colocado a caixa atrás dele sabendo que seria um lugar seguro. Por essa lembrança e pelo retrato em geral bem feito da vida no Outro Lado aos olhos de uma criança médium sou muito grata ao *Sexto Sentido*.

Posso até ouvir você perguntar "qual a criança que não vê sombras movendo-se pelo quarto à noite?". É verdade. Isso é muito comum. O que é raro é ver os pais levarem a sério os medos noturnos de seus filhos. A reação típica é apagar a luz e dizer à criança amedrontada: "Está vendo? Não há nada aqui. Pare de imaginar coisas e vá dormir." Mas da próxima vez que você se vir nessa situação com seu filho, por favor, tenha duas coisas em mente. Em primeiro lugar, minha Guia Espiritual, Francine, que mais adiante eu pretendo apresentar de maneira apropriada, afirma que a palavra mais desastrosa de nossa língua é imaginação, pois é uma desculpa por demais conveniente para incidentes que merecem maior atenção. Em segundo lugar, os seres mais mediúnicos deste planeta são as crianças e os animais. Assim, em vez de considerar uma bobagem sem sentido o que seu filho afirma ter visto, encoraje-o a falar sobre o assunto e preste muita atenção. Você terá uma surpresa ao descobrir o quanto ele pode lhe ensinar sobre o mundo dos espíritos e sobre o Outro Lado.

Em pouco tempo, e para meu desespero, comecei a ver espíritos à luz do dia com a mesma clareza com que os via no escuro. Eles rodopiavam alegremente pela sala cheia de gente, sem que ninguém mais os notasse. Até que parei de me preocupar em perguntar aos meus pais ou irmã: "Está vendo aquilo?" Se a resposta era sempre não, por que reforçar neles e em mim mesma, pela milionésima vez, a idéia de que eu não era uma criança normal? Exceto quando vovó Ada estava por perto, eu ficava quieta e me sentia como um alienígena.

Uma noite, quando toda a família estava na sala lembrando-se de parentes queridos já mortos, vi a sombra de um homem tomar forma atrás do ombro esquerdo de vovó Ada. Eu estava sentada no chão, a seus pés, e sussurrei:

– Vovó, quem é esse homem atrás de você?

Ao contrário do resto do grupo, ela não perguntou "que homem?", nem disse "não tem ninguém atrás de mim, Sylvia, pare com isso". Apenas perguntou:

– Como é ele?

Eu o descrevi: alto, com cabelos avermelhados e pequenos óculos redondos de metal, com uma corrente no pescoço onde havia um chifre que ele usava para ouvir o coração das pessoas.

O rosto de vovó Ada se iluminou, pois ela reconheceu de imediato a descrição de seu tio Jim, um médico que havia morrido na epidemia de gripe de 1917, havia vinte e quatro anos. Vovó adorou saber que ele estava ali e eu me alegrei por dar a ela a oportunidade desse encontro. Foi um maravilhoso reconhecimento da precisão de minhas visões e a primeira vez que me lembro de ter pensado que talvez essa história de mediunidade fosse mesmo uma dádiva e não um fardo, pois podia fazer feliz alguém a quem eu tanto amava.

Foi nesse contexto, com todos aqueles espíritos ao meu redor e minha curiosidade em saber de onde eles vinham, que vovó Ada começou a me falar sobre o Outro Lado. Ela me disse que quando a vida na Terra termina nossos espíritos eternos deixam nossos corpos e vão para o Lar, para perto de Deus, num lugar de inimaginável beleza, repleto de cores, música e de um amor puro que envolve a todos. Os espíritos não estavam ali para me ferir, queriam apenas me visitar, vindos do Outro Lado, e o dom que nós duas compartilhávamos permitia que os víssemos.

Achei as histórias sobre o Outro Lado tão fascinantes que pensei que pareciam boas demais para serem verdade. Provavelmente vovó estava apenas tentando fazer com que o mundo dos espíritos e a vida após a morte parecessem bonitos e seguros, acalmando sua adorada neta, tão sensível e confusa com o dom que possuía. Mas mesmo assim eu ouvia minha avó adorada sem me dar conta de que a verdade de cada uma de suas palavras ecoava silenciosamente em minha alma.

Quando eu era criança, não me preocupava muito com o Outro Lado e a eternidade do espírito. Estava ocupada demais sendo implacavelmente curiosa, hiperativa e franca, amando meu pai e minha avó, tentando, sem sucesso, compreender minha perturbada mãe e sempre, sempre, querendo ou não, "sabendo de coisas". Eu sabia quem estava chamando antes de o telefone tocar, sabia quem estava à porta antes que ouvíssemos a campainha. Anunciei a súbita morte de meu avô paterno enquanto papai ainda corria para trazer a notícia. Uma tarde puxei meu pai com toda a força para fora do cinema, no meio do filme, gritando que minha irmã, Sharon, que ainda era um bebê, não podia respirar. Chegamos em casa na hora exata em que ela precisava ser levada ao médico para ser tratada de uma pneumonia dupla. Sabia o que estava para acontecer com meus amigos e professores, fosse algo bom ou ruim. Sabia até, sem que nunca me tivessem falado de sua existência, como era a bela loura para quem papai telefonava quando pensava que estávamos todos dormindo. (A propósito, nunca o culpei por isso. Até hoje, embora papai não tivesse abandonado minha mãe, ainda vejo a "outra mulher" e considero-a parte da família.)

Eu tinha sete anos de idade quando o Outro Lado tornou-se intensamente pessoal, mudando completamente minha vida. Estava no quarto escovando os cabelos, brincando com minha lanterna, tentando ignorar minha certeza de que alguém que não podia ver estava ao meu lado, me observando. De repente, de maneira quase ofuscante, a luz da lanterna começou a crescer e a ficar mais forte até encher o quarto com um brilho totalmente branco. Do meio dessa luz a voz de uma mulher disse:

– Eu venho de Deus, Sylvia. Não tenha medo.

Se uma voz do Além lhe dissesse para não ter medo, você manteria a calma? Eu também não. Saí do quarto e desci as escadas voando, aterrorizada, procurando minha avó. Choquei-me com ela na cozinha, e entre soluços e tremores contei o que havia acontecido. Ela me abraçou, passou as mãos pelos meus cabelos e me explicou, como se fosse a coisa mais natural do mundo:

– Era a sua Guia Espiritual, querida. Ela está ali para ajudá-la. Passe-me as cenouras.

Como sempre, vovó Ada estava certa. Era mesmo a minha Guia Espiritual e desde então jamais passei um único dia sem a sua presença.

Seu nome verdadeiro é Iena, mas por razões que ninguém se lembra mais insisti imediatamente em chamá-la de Francine. Em sua única existência na Terra ela foi uma inca-asteca de uma pequena vila na Colômbia, morta por uma lança em 1520 quando tentava proteger seu filho durante uma violenta invasão espanhola. Ela é a minha amiga mais íntima, minha companheira constante, minha confidente, minha professora, minha "especialista" no Outro Lado e minha irritantemente sensata protetora. Ela sabe uma coisa importantíssima: que é impossível aprender sem cometer erros. Ela fala comigo numa voz que se transforma num som de chilreio alto quando faz a transição entre a sua dimensão e a nossa. Com minha permissão, ela também fala através de mim, usando minha voz enquanto eu fico em transe, e só tomo consciência do que aconteceu quando alguém me conta ou eu ouço a voz dela que saiu de mim numa gravação. Francine tem quase um metro e oitenta, é muito magra, com mãos elegantes, dedos longos e cabelos negros até a cintura, que ela prende numa trança grossa. Seus olhos parecem pequeninas ameixas e sua aparência é exótica, quase como um egípcia, a pele morena, os olhos grandes e escuros.

Eu vi Francine pela primeira vez quando tinha dezoito anos e já estava na faculdade. Quando ela apareceu, fechei os olhos deliberadamente e virei o rosto.

Formei-me em pedagogia e literatura no St. Theresa's College, onde tive a oportunidade de estudar teologia, preparando-me para ser professora. Também me inscrevi num curso de hipnose na Universidade de Kansas City. Naquela ocasião, Francine já vinha conversando comigo regularmente há onze anos, mas mesmo assim eu comecei a duvidar da minha sanidade mental e a me perguntar se eu não seria louca demais para ensinar crianças. E quanto a Francine, que ninguém além de mim podia ouvir, que história era aquela de Guia Espiritual?

Francine ouviu todo o meu discurso com sua paciência habitual, sem discutir nem se defender uma única vez. Mas pediu-me que lhe permitisse dar uma pequena demonstração antes de declará-la para sempre irreal: pela primeira vez desde que nos havíamos comunicado ela iria materializar-se.

Era noite. Chovia. Minha mãe, meu pai e minha irmã estavam comigo, excitados diante da perspectiva de ver aquela mulher sobre a qual eu vinha falando há tantos anos. Eu sentia um misto de medo e ansiedade, conformada com o fato de que se nada acontecesse teríamos a prova definitiva do quanto eu estava maluca. A pedido de Francine, escurecemos um pouco a sala para não ferir seus olhos em sua primeira viagem física a essa dimensão depois de muitos séculos. Pelo menos foi o que ela disse. E ficamos esperando.

Mas não por muito tempo.

Havia uma cadeira de balanço atrás de mim. Lentamente, com uma graça silenciosa, as pregas de um vestido azul-claro tomaram forma, pendendo do assento da cadeira até o chão. Em seguida, no colo do vestido macio, surgiu a mão com dedos longos e finos. O silêncio na sala era total. Um braço foi surgindo gradualmente acima da mão, a pele acetinada da cor de café, e então surgiu uma longa trança de grossos cabelos negros.

Para mim já era o bastante. Minha família continuava observando totalmente encantada, mas eu virei o rosto e não olhei mais.

O Dr. John Renick, um psiquiatra que havia se tornado um dos meus professores favoritos e meu confidente, ficou surpreso quando, no dia seguinte, descrevi minha reação diante da estréia física de Francine. Segundo ele, eu deveria estar vibrando:

– Eu sempre soube que você é forte e bem integrada demais para ter qualquer problema psicológico sério. Mas você e sua família viram Francine com seus próprios olhos. Ela é real, o que quer dizer que você é perfeitamente sã. Por que virou o rosto?

Não costumo chorar com freqüência, mas lembro-me de ter sentido lágrimas descerem pelo meu rosto.

– Porque, Dr. Renick, eu ouço e vejo coisas que as pessoas normais não precisam tolerar. Não quero ser uma pessoa esquisita e fora da realidade, quero ser professora.

Ele sorriu, olhou-me nos olhos e disse:

– Essas são palavras muito sensatas. Quem sabe você é uma pessoa normal com poderes paranormais?

Retribuí o sorriso e até hoje guardo comigo esse precioso diagnóstico do Dr. Renick. Mesmo com o ponto de interrogação, significou muito para mim, pois ele era um psiquiatra altamente respeitado. Pelo menos como médium nunca mais questionei minha sanidade.

Depois que Francine desapareceu naquela noite, a família comparou suas anotações e verificou que os três tinham visto a mesma entidade, pois até os mais ínfimos detalhes eram iguais. Embora eu me recusasse a admitir isso naquela época, uma parte de mim estava furiosa por eu ter perdido tudo aquilo. Já era de se esperar.

Eu sempre soube, desde o dia em que Angelia nasceu, que minha neta é talvez a médium mais poderosa que já surgiu em nossa família. Por isso não me surpreendi quando um dia, aos quatro anos de idade, ela entrou em meu banheiro e perguntou:

– Bagdah (o apelido que ela me deu), quem é aquela moça de cabelos pretos que está sempre seguindo você?

Entretanto, sempre fico surpresa diante do número de pessoas "normais" que depois de participar de minhas palestras ou de me assistir pela televisão me perguntam por que não apresentei a morena alta que estava no palco atrás de mim.

Depois de aceitar Francine inteiramente, comecei a reclamar com ela sobre o tom agudo de sua voz, que mais parecia a de um esquilo, e perguntei se não conseguiria encontrar uma maneira menos irritante, num tom mais grave, para se comunicar. Mais uma vez ela me explicou que não conseguia controlar a distorção que o som de sua voz sofria ao penetrar em minha dimensão, mas ofereceu uma alternativa: se eu entrasse em transe, ela falaria através de mim, usando a minha voz. Eu não saberia de nada que ela falasse durante o transe, mas poderia gravar e ouvir tudo depois.

Minha resposta foi imediata: "Nem morta!" Eu não queria emprestar minhas cordas vocais a um Guia Espiritual porque estava determinada a manter um pé plantado, a salvo, no mundo racional. Ela me assegurou que o transe não me traria nenhum risco, que seria útil e que eu jamais teria dificuldades para voltar e assumir o comando novamente. Mas não me convenci. A resposta continuou a ser um sonoro não.

Aconteceu alguns dias depois, durante uma aula de hipnose com o Dr. Royal. Minha amiga Mary Margareth, que conheço desde o jardim-de-infância, estava comigo. Lembro-me da contagem regressiva usual. Depois disso, lembro-me apenas de ter recobrado a consciência, ainda sentada na cadeira, com o corpo dobrado e o topo da cabeça voltado para o chão, entre as pernas. Todos na sala me olhavam boquiabertos. Ainda bastante confusa, perguntei o que acontecera.

Todos, inclusive o Dr. Royal, começaram a falar com excitação. Ouvi frases do tipo "você devia ter ouvido o que disse" e "de onde veio tudo aquilo?". A observação que me causou mais impacto foi: "Era como se você fosse outra pessoa." Finalmente, Mary Margareth aproximou-se e discretamente disse-me ao ouvido:

– Francine esteve aqui. Falando através de você.

Insisti em que deveria haver algum engano. Mas Mary Margareth era uma amiga íntima que me conhecia muito bem e que me ouvia falar sobre minha Guia Espiritual há muitos anos. Francine não apenas se apresentou ao grupo enquanto eu estava "fora". O padrão de fala, o ritmo, a terminologia, tudo que saía da minha boca, com minha voz, era tão diferente do que Mary Margareth conhecia da minha pessoa, que não houve nenhuma sombra de dúvida nela nem nos outros membros do grupo de que, de alguma maneira, quando eu me entreguei voluntariamente ao transe hipnótico, Francine apareceu e tomou o meu lugar. A propósito, gostaram muito dela.

Fiquei furiosa. Naquela noite exigi que Francine me explicasse como fora capaz de tamanha traição. Pacientemente, ela me lembrou que estava esperando alguma oportunidade para fazer de mim um canal de comunicação e que o transe hipnótico do qual ela se utilizara fora voluntário de minha parte. Assim, ela não mentira e nem contrariara a minha vontade. Francine disse ainda que queria apenas demonstrar como o processo era seguro para mim, que eu sempre conseguiria voltar e que aquela era uma maneira perfeita de ajudá-la a comunicar-se com os que não têm outra forma de ouvir sua voz.

Jamais consegui sair vitoriosa de uma discussão com Francine. Ela me convenceu a tentar novamente e fez uma promessa: nunca mais me pegaria de surpresa. Eu nunca precisaria me preocupar diante de colegas, de pacientes ou de uma platéia. Ela jamais diria algo que não fosse verdade e nem faria mal a mim ou a quem quer que fosse. E, sobretudo, ela só usaria a minha voz com objetivos humanitários, para ensinar as pessoas sobre o Outro Lado e o amor eterno e incondicional de Deus. Se eu tivesse qualquer motivo para acreditar que ela havia quebrado uma dessas promessas poderia desistir de tudo, até mesmo de ouvir sua voz.

Isso aconteceu há quarenta e quatro anos e Francine tem cumprido cada uma de suas promessas. Quando fala através de mim, é sempre com minha permissão, e ela tem ajudado imensamente um número incontável de pessoas. Acho frustrante só poder ouvir mais tarde o que ela disse, mas tenho centenas de fitas de suas palestras e percebo que, exceto pelo aspecto mecânico da voz, falamos de maneiras diferentes. A fala de Francine é muito mais lenta e refletida, e ela não diz uma única palavra tentando fazer graça (o que faz com que ela seja completamente diferente de mim). Eu nunca aceito imediatamente suas informações como verdade, o que a deixa frustrada. Porém, quanto mais pesquiso e estudo, num esforço para provar que ela está errada pelo menos uma vez, mais descubro que ela estava falando sério quando prometeu que só diria a verdade.

Meu filho Christopher, que não entra em transe mas entende o processo, sempre sai da sala quando Francine assume o comando. Ele a ama e aprecia seu trabalho, mas sente-se nervoso ao ver-me tão claramente ausente do meu próprio corpo. O que me leva a um outro ponto sobre Francine: ela nunca me ajuda nas minhas palestras e aparições na televisão. Para ser franca, gostaria que o fizesse. Mas você nunca precisa ficar se perguntando se está falando comigo ou com Francine. Se não me conhece o bastante para perceber a diferença, pode ter certeza que ela nunca aparece sem aviso.

Eu tinha dezenove anos quando aceitei Francine como parte legítima de minha vida, terminei a faculdade e me tornei, quase como um passatempo, uma hipnóloga habilitada. Imaginei que seria uma ferramenta útil para ajudar as pessoas a parar de fumar e a emagrecer. Nunca sonhei que a hipnose me levaria a uma das experiências mais extraordinárias de minha vida, abrindo-me as portas do Outro Lado e me desafiando a ter fé e coragem para atravessá-la.

Hipnose regressiva e o Outro Lado

Meu primeiro casamento teve muitos problemas, mas abençoou-me com a chegada de meu filho Paul e com minha mudança do meio-oeste para o norte de Califórnia. Ali comecei a fazer conferências profissionalmente, entrei em transe para incontáveis palestras assistidas por pessoas que ouviram extasiadas as palavras de Francine e dei início ao meu trabalho em direção ao mestrado na Universidade de São Francisco.

Foi na universidade que conheci Bob Williams, meu criativo professor de produção literária, que tem exercido uma profunda influência em minha vida. Costumávamos conversar até altas horas sobre as imagens de tarô que podem ser encontradas em Ulysses, de James Joice, sobre metafísica em geral e, inevitavelmente, sobre paranormalidade. Certo dia ele surpreendeu a mim e aos meus colegas de classe anunciando que "a senhora Dufresne (meu nome de casada) irá agora demonstrar suas habilidades psíquicas para qualquer um de vocês que queira se apresentar como voluntário". Havia cinqüenta alunos na sala e todos se ofereceram. Graças à propaganda boca a boca, nunca mais me faltaram clientes.

Uma outra vez ele me levou até uma minúscula livraria, mostrou-me livros escritos por Edgar Caye, um médium que promovia curas, pela teosofista Madame Helena Blavatsky, pelos filósofos Jean-Paul Sartre e Bertrand Russell e por vários outros autores, segundo ele "como você", e recomendou-me que os lesse. Eu já havia lido todos. Ele sorriu e disse:

– Então, leia de novo, mas dessa vez faça alguma coisa a respeito. Estude. Ensine. Explore novas fronteiras. Ultrapasse seus conhecimentos e os deles. Forme um centro de pesquisas para atrair mais pessoas e divulgar tudo o que aprenderem. Se você quiser, seu trabalho pode ser ainda mais importante do que o de qualquer um desses autores. Acredito em você. Apenas faça o que estou lhe pedindo. Eu vou ajudá-la.

Mas ele nunca teve a chance de fazê-lo. Apesar de minha premonição de que não voltaria vivo, Bob fez uma viagem à Austrália. Voltou numa caixa de madeira. Nos vinte e cinco anos que se passaram não houve um só dia em que eu não tivesse sentido sua falta, que não o tivesse amado, que não lhe tivesse sido grata.

Logo depois da morte de Bob fui com um pequeno grupo de colegas assistir a uma palestra de um médium muito conhecido na época. Não vou mencionar seu nome, pois ele ainda está vivo. Quanto mais tempo permanecia naquele auditório, mais irritada e zangada eu ficava. No final da palestra eu me sentia indignada e meus amigos exigiram que eu lhes dissesse qual era o meu problema. Explodi:

– Metade do que acabamos de ouvir é apenas parcialmente verdade e a outra metade está completamente errada. Isso não é minha opinião, é um fato. Todas aquelas pessoas foram ali com um real desejo de encontrar respostas para questões muito importantes e só ouviram mentiras.

O colega ao meu lado perguntou:

– Muito bem, e o que você pretende fazer a respeito?

Olhei para ele, mas estava vendo e ouvindo Bob Williams, como se ele estivesse sentado bem ali, ao meu lado, o que provavelmente estava. De repente, tive certeza do que pretendia fazer.

Esse foi o começo da Fundação Nirvana para Pesquisas Mediúnicas. Eu a criei em 1974, dedicada à memória de Bob, com dois objetivos principais: ensinar a desenvolver a mediunidade e explorar e provar a sobrevivência do espírito após a morte.

Registrei a Fundação Nirvana no Estado da Califórnia como uma organização sem fins lucrativos. Então, coloquei um anúncio no jornal local oferecendo aulas de mediunidade. Vinte e duas pessoas apareceram e se amontoaram em minha minúscula sala de estar naquela primeira terça-feira à noite. As vinte e duas contaram a outras vinte e duas, que contaram a outras vinte e duas, até que não tivemos outra escolha senão juntar algum dinheiro e alugar uma sala num centro comercial para acomodar o número crescente de participantes.

Meus pais e minha irmã também estavam morando na Califórnia. Contratei papai e Sharon como parte de um grupo de sete funcionários e nos empenhamos em tornar a Fundação Nirvana para Pesquisas Mediúnicas um local verdadeiramente dedicado ao trabalho humanitário. Eu fazia sessões mediúnicas todos os dias, dava aulas todas as noites, entre as palestras de Francine, e ainda me esforçava para cuidar o melhor possível de meus dois filhos ainda pequenos.

Continuei meus estudos de hipnose, consegui meu certificado e trabalhei um número suficiente de horas para me tornar "mestre em hipnose", licenciada para treinar e formar outros especialistas. Vários de meus funcionários mostraram-se alunos talentosos e ávidos por aprender. Comecei a explorar minha curiosidade sobre regressão hipnótica com o objetivo de levar os pacientes de volta ao seu nascimento nesta vida. Para ser sincera, a idéia de vidas passadas nunca me preocupara. Eu não acreditava, nem deixava de acreditar na reencarnação, apenas tinha muitas outras prioridades e não pensava no assunto.

Por isso fui pega de surpresa com o que aconteceu numa fria tarde, durante uma sessão de hipnose, logo depois que a Fundação Nirvana tornou-se uma realidade. Eu estava fazendo uma sessão de hipnoterapia para perda de peso num novo paciente quando, sem qualquer aviso, ele pareceu ter perdido a razão. Primeiro, falou no tempo presente sobre sua vida no Egito como construtor de pirâmides.

Descreveu alguns detalhes fascinantes sobre mecanismos tão complexos que não consegui compreender muito bem. Depois mergulhou num longo monólogo que mais parecia uma interminável série de sílabas sem sentido. Como pensei que ele estivesse tendo um episódio psicótico, achei perigoso interrompê-lo e deixei-o falar. Então, da mesma forma repentina como começara, ele voltou a ser a pessoa agradável e de fala macia que era em seu estado normal, como se aquela meia hora anterior jamais tivesse acontecido.

Com a sua permissão, enviei uma fita gravada daquela sessão para um de meus professores em Stanford e pedi que ele desse uma opinião objetiva sobre o caso.

Eu lera o livro de Morey Bernstein, um especialista em hipnose que em 1952 gravou várias sessões com uma mulher, Virginia Tighe, que, sob o efeito da hipnose, identificava-se como Bridey Murphy, uma irlandesa do século dezenove. Quando assumia tal personalidade, Virginia falava num sotaque irlandês, cantava canções de sua terra natal e contava histórias com minuciosos detalhes sobre sua vida em Cork cem anos antes. O livro de Bernstein, *The Search for Bridey Murphy* (A busca por Bridey Murphy), tornou-se um *best-seller* e as gravações das sessões hipnóticas foram traduzidas para mais de doze idiomas. A história de Bridey Murphy me fascinara, mas eu ainda não havia chegado a uma conclusão quanto a acreditar nela.

Três dias depois de enviar a fita para Stanford, meu telefone tocou e a voz do meu professor soou agitada:

– Onde você conseguiu essa fita?

Ele havia passado aqueles três dias estudando e pesquisando a fita com alguns colegas e chegaram a uma conclusão que assombrou a todos: as supostas "sílabas sem sentido" proferidas por meu cliente eram na verdade um obscuro dialeto assírio, falado sete séculos antes de Cristo, no qual qualquer construtor de pirâmides teria sido fluente.

Apenas para me certificar, dei-me ao trabalho de telefonar para meu cliente e perguntar se ele tinha algum conhecimento da língua assíria. Vocês podem imaginar o seu espanto.

Essa experiência compeliu-me a expandir minhas regressões hipnóticas "nesta vida" para quaisquer outras anteriores que viessem a aparecer, mas sem quebrar minha própria regra fundamental de nunca conduzir as sessões em qualquer direção específica. Estava preparada para que a regressão a vidas passadas fosse um fenômeno raro. Não foi o que aconteceu. De jeito nenhum. Um número considerável de clientes, após terem sido gentilmente conduzidos ao dia de seu nascimento na vida atual, começavam a falar sobre uma ou mais vidas anteriores, fornecendo minuciosos detalhes. E em todas essas vezes, sem exceção, a Fundação Nirvana pesquisava tais detalhes, descobrindo, por exemplo, que houvera mesmo uma mulher chamada Selena Franklin em Peoria, no Estado de Illinois, em 1843, com duas filhas chamadas Margareth e Marion e um marido, Willy, que plantava trigo. Anotamos cada uma das regressões a vidas passadas que conseguimos confirmar e essas milhares de confirmações ainda estão arquivadas em meu escritório.

O resultado mais inesperado e gratificante que observava na regressão hipnótica era o seu espantoso potencial de cura. Pacientes com fobias inexplicáveis e doenças crônicas apresentavam uma sensível melhora, e em muitos casos a cura completa quando as verdadeiras raízes de seus problemas, enterradas nas lembranças subconscientes de uma outra encarnação, esperando para serem expostas e libertadas, vinham à tona. Essa descoberta estimulou ainda mais minha pesquisa.

Eu sempre discutia esses casos com vários colegas, inclusive com o Dr. Bill Yabroff, um professor de psicologia da Universidade de Santa Clara. Assim como eu, ele era ao mesmo tempo um pesquisador incansável e um cético de mente aberta em relação às vidas passadas. Diante de qualquer fita, história ou teoria que eu lhe apresentasse, em vez de dizer "isso é ridículo", ele se mostrava intrigado e decidia: "Vamos verificar." Sou eternamente grata a ele. Eternamente, no mais profundo sentido do termo.

Bill tinha muita curiosidade a respeito de Francine e assistiu a inúmeras de suas palestras sobre teologia e o Outro Lado. Um dia ele perguntou se eu estaria disposta a entrar em transe para que ele a testasse. Como eu mesma estava sempre desafiando e testando Francine, aprovei a idéia de que uma pessoa em quem eu confiava e que respeitava minha Guia Espiritual colocasse sua credibilidade à prova.

Naquela noite, em meu escritório, sem me dizer o que planejava fazer, Bill sentou-se com Francine. Ele tinha em mãos uma lista com os nomes de vinte antigos pacientes já falecidos, selecionados ao acaso entre centenas de fichas guardadas em seus arquivos e nos de alguns colegas. Sua teoria era que se Francine estivesse realmente do Outro Lado, deveria ter acesso às informações dos pacientes mortos. Caso contrário, provaria ser uma fraude.

Francine conseguiu identificar com precisão e riqueza de detalhes a causa da morte de dezenove dos vinte pacientes. Ela não se limitou a falar de um simples "tiro", por exemplo, ou mesmo "tiro na cabeça", mas disse: "ferida de bala na têmpora direita com saída abaixo da orelha esquerda, causada pela própria vítima".

Bill ficou perplexo. Ele tinha eliminado a possibilidade de Francine estar lendo seus pensamentos, pois ao escrever os nomes Bill evitara saber as causas das mortes Nem mesmo através do subconsciente seria possível a ele transmitir respostas que desconhecia.

A vigésima morte, aquela que Francine "errou", era um caso de overdose. Ela afirmou que havia três substâncias envolvidas, enquanto que o relatório inicial da autópsia apontava apenas duas. Decidido a investigar, Bill telefonou para a família do paciente. Para sua surpresa, ouviu que, numa segunda autópsia, tinham sido identificadas três substâncias que se combinaram para dar fim à vida de seu ente querido.

A partir daí, Bill passou a contar essa história em suas palestras e conferências. Nessa época, muitos amigos psiquiatras, psicólogos e físicos estavam fazendo suas próprias pesquisas sobre reencarnação e mantínhamos contato uns com os outros. Finalmente resolvemos nos reunir num fim de semana para uma discussão sobre o assunto, num auditório que ficou completamente lotado. Senti-me deslocada no início. Apesar do convite e da calorosa acolhida, tinha a sensação de que devíamos ter sido anunciados como "Cinco importantes e brilhantes médicos... e Sylvia". Mas eu possuía tantas fitas com regressões a vidas passadas já confirmadas e tanta confiança na validade de meu trabalho, que minha timidez não demorou muito a ser vencida.

Antes de começar, discutimos a possibilidade de fazer uma regressão espontânea a vidas passadas no palco, usando um voluntário da platéia. Meus colegas estavam um pouco hesitantes. Mas minha atitude era a de sempre: se der certo, deu; se não der, não deu. Sem tentar, nunca saberemos.

Entre as várias pessoas que se apresentaram como voluntários escolhi um jovem atraente e bem vestido que parecia não estar acreditando muito naquela história de reencarnação, mas que estava disposto a dar uma chance à remota possibilidade de que estivéssemos certos.

Antes de iniciar o processo de hipnose, perguntei se ele tinha algum problema físico ou emocional, ou alguma fobia que o estivesse incomodando. Ele mencionou uma dor crônica no pé direito que ninguém parecia poder curar. Quanto a fobias, confessou ser perseguido pela impressão de que, mesmo que fosse simpático e bem-sucedido, as pessoas conseguiriam ver o seu íntimo e descobririam como ele era medíocre. Tinha medo de que rissem dele.

Ele se deixou facilmente hipnotizar. Conduzi-o lentamente durante toda a regressão para demonstrar como o processo funcionava e para mantê-lo confortável, provando que eu não estava guiando seus pensamentos e que toda a informação vinha dele e não de mim. Lentamente, fomos voltando a estágios cada vez mais primitivos de sua vida atual, passando por seu nascimento, o momento da concepção, a morte numa vida anterior.

E então todos nós observamos quando, sem qualquer estímulo de minha parte, seu pé direito entortou, como se fosse deformado, e sua postura se modificou, passando da autoconfiança a uma atitude tímida e contrita. Perguntei em que dia estávamos. Ele me forneceu uma data no ano de 1821. Seu nome era outro, e ele achava que vivia numa vila na Virgínia. Sua breve existência fora muito infeliz. Nascera com um defeito no pé direto, era um fardo para os pais, que se sentiam envergonhados, e alvo das chacotas dos colegas de escola.

Eu nunca poderia ter escolhido uma pessoa que desse uma demonstração mais perfeita do poder das vidas passadas sobre nossa vida atual. Através do que vim a chamar de "memória celular", carregamos conosco, de uma existência para a outra, todos os tipos de medos e dores, e a descoberta desses sintomas permite que nossas mentes espirituais os libertem de uma vez por todas. Alguns meses depois, o rapaz que foi hipnotizado naquela tarde afirmou que não sofreu mais com as dores no pé direito e foi perdendo o medo de que as pessoas rissem dele.

Mesmo o mais cético dos cientistas seria um tolo se obtivesse centenas de vezes o mesmo resultado de um mesmo experimento e se recusasse a aceitá-lo. Eu não sou tola. Após testemunhar pessoalmente, milhares de vezes, lembranças tão claras de vidas passadas em meus pacientes e ser capaz de confirmá-las, convenci-me de que Francine, como sempre, estava certa: a reencarnação é o plano lógico, afetuoso, piedoso de Deus para a jornada eterna de nossos espíritos. Era impossível deixar de crer ante tantas provas.

E como comprovei que as lembranças de vidas passadas eram

precisas e fidedignas, tornou-se impossível duvidar de outras lembranças que vieram à tona em todas aquelas regressões, lembranças virtualmente idênticas em todos os pacientes, um após outro, alegres memórias do período entre a morte numa vida passada e o nascimento na vida presente. Memórias da vida no Outro Lado.

Regredi milhares de pessoas de todos os continentes, raças, culturas e religiões, de metodistas a budistas, de judeus a muçulmanos, de taoístas a xintoístas, e em cada um dos casos – cada um deles – as características das experiências de morte e do Outro Lado jamais variaram de maneira significativa. A única inconsistência que encontrei foi que algumas pessoas ouviram música assim que retornaram ao Lar e outras só a ouviram mais tarde. Há uma prova esmagadora de que todos nós viemos para esta existência saindo do mesmo lugar e é para lá que voltaremos quando ela chegar ao fim. As divisões e preconceitos que sentimos na Terra são inteiramente criados pelo homem e nós perceberemos o quanto são ridículos quando estivermos no Outro Lado e os submetermos a uma análise.

Além dos Arquivos de San Bruno e de outras fontes objetivas para confirmar os detalhes das lembranças de vidas passadas de meus pacientes, são essas as minhas fontes:

- Francine, que mora no Outro Lado e tem sido incansável em descrevê-lo e em responder as perguntas que lhe faço desde os sete anos de idade.
- Minha própria experiência de quase-morte, que vou descrever no terceiro capítulo, e minhas visitas ao Outro Lado através de viagens astrais, quando o espírito se separa do corpo e faz sozinho suas explorações.
- As experiências de quase-morte que incontáveis pacientes compartilharam comigo.
- Histórias de viagens astrais ao Outro Lado relatadas por milhares de pacientes, muitos dos quais não tinham idéia do que

lhes havia acontecido e mostravam receio de que eu os considerasse loucos.

- Uma crescente riqueza de detalhadas viagens astrais ao Outro Lado recontadas por algumas das pessoas mais queridas e amantes da verdade que conheço, como vovó Ada, meu filho Christopher, minha neta Angelia, pessoas que trabalham comigo e ministros de minha igreja, a Novus Spiritus.
- E, talvez o fato mais admirável além de Francine, tenho o Outro Lado gravado em fita. Acho que eu mesma não teria acreditado se não tivesse testemunhado pessoalmente esse fato na primeira vez em que aconteceu.

Foi há vinte anos. Eu fazia regressão hipnótica em Susan, uma cliente próxima dos cinqüenta anos. O gravador estava ligado, como sempre. Ela se encontrava no Outro Lado, entre esta vida e a anterior, descrevendo um majestoso edifício com teto em abóbada, coberto de prateleiras e ornatos em espiral que pareciam seguir até o infinito. Como você verá mais adiante, eu estava bastante familiarizada com esse edifício e logo o identifiquei como o imponente Palácio dos Arquivos.

Esse fato nunca acontecera antes e jamais se repetiu depois daquela sessão. Quanto mais profundamente Susan penetrava e quanto mais detalhadas eram as suas descrições, mais eu me dava conta de que havia ultrapassado o papel de observadora de sua visita ao Palácio dos Arquivos. Eu também estava lá, junto com ela. Ao perceber isso, embora surpresa e emocionada, consegui controlar-me e não disse uma única palavra para evitar qualquer tipo de influência sobre Susan. Mas não precisei dizer nada, pois ela logo anunciou:

– Você está aqui comigo.

Permaneci calada. Susan continuou a conduzir-me pelo Palácio dos Arquivos, descrevendo em voz alta exatamente o que eu também observava em silêncio, até chegarmos a uma outra ala com espirais, onde vi uma linda mulher de cabelos negros num diáfano vestido azul caminhar em nossa direção. Eu sabia que era a Guia Espiritual de Susan e sabia que seu nome era Rachel.

Mais uma vez me mantive em silêncio e mais uma vez vi que não precisava dizer nada. Susan logo comentou:

– Alguém está aqui conosco.

Aparentando uma calma maior do que sentia, perguntei quem era.

– É uma mulher – disse Susan. – Tem cabelos escuros. Não sei por que, mas sinto que ela é minha Guia Espiritual.

Foi nesse instante que Rachel nos viu e gritou:

– Susan!

Antes que eu pudesse reagir, Susan, voz ofegante, perguntou:

– Você ouviu isso?

– Ouvi o quê? – Meu coração batia com força.

– Ela disse o meu nome – respondeu ela admirada.

Mas isso não foi nada perto da admiração que ambas sentimos quando ouvimos a fita gravada daquela sessão. A minha voz perguntava "Quem é?", a de Susan respondia: "É uma mulher. Tem cabelos escuros. Não sei por que, mas sinto que ela é minha Guia Espiritual."

E então, ouvimos uma terceira voz, tão clara quanto a nossa: "Susan!"

Ainda possuo essa fita e muitas outras nas quais vozes do Outro Lado nos chamaram, querendo apenas que notássemos sua presença e que permitíssemos que servissem como prova absoluta da eternidade de nossos espíritos.

Alguns céticos sustentam que experiências de quase-morte envolvendo o Outro Lado são causadas por alucinações criadas pela falta de oxigênio. Espero que entrem em contato comigo e me expliquem como consegui privar de oxigênio milhares e milhares de pacientes, meus funcionários, meus ministros, meu filho e minha neta, sem que eles percebessem ou reclamassem.

Outros tentam sustentar seu ceticismo utilizando-se de argumentos religiosos, o que sempre me impressionou. Se quase todas as grandes religiões mundiais pregam a idéia de que nossos espíritos sobrevivem à morte, por que é tão estranho aceitar que podemos nos comunicar com esses espíritos?

Na verdade, foi a minha crescente paixão pela espiritualidade e pela religião que confirmou de vez as minhas crenças.

2

Religião e o Outro Lado: Mais perguntas, mais respostas

Talvez você pense que uma menina ao mesmo tempo luterana, episcopal, judia e católica teve que negar grande parte de sua educação religiosa quando atingiu um ponto de absoluta certeza sobre a reencarnação e o Outro Lado. Mas não foi um processo de negação. Pelo contrário. Foi um processo em que abracei, estudei e pesquisei à exaustão, e como resultado continuei a crescer espiritualmente até o ponto em que meu relacionamento com Deus tornou-se uma fundação inabalável e impenetrável sobre a qual está construído tudo o que faz parte de minha vida.

Fui apresentada ao catolicismo quando tinha cinco anos. Eu era uma criança do tipo que as pessoas, usando certo tato, consideravam "difícil de controlar", e vovó Ada pensou que talvez as freiras da escola católica, que ficava no final da rua, pudessem ajudar a controlar aquilo que até hoje prefiro chamar de minha "exuberância".

Desde o primeiro dia tive um bom desempenho, mas o que mais animava as freiras é que, tendo sido educada numa casa protestante e judia, eu era um excelente material para conversão.

Recebia honras especiais, como caminhar à frente das procissões e coroar Nossa Senhora.

Sempre houve muitas coisas no catolicismo que eu adorava. Admirava as freiras e seu profundo comprometimento com Deus. Encontrava satisfação e conforto no maravilhoso e sagrado misticismo dos rituais. Vovó Ada havia me falado tudo sobre os anjos e ali estavam professoras que também os adoravam. Havia histórias maravilhosas sobre santos e crianças pequenas em lugares distantes, como Lourdes e Fátima, que tinham visões e ouviam vozes. Eu adorava saber que as pessoas das "vozes e visões" eram bem-vindas entre aquelas silenciosas e respeitadas paredes.

Um dia, no entanto, quando eu tinha cinco anos, Irmã Mary Stephanie estava falando sobre nossos anjos da guarda e eu levantei a mão, dizendo:

– Meu anjo acabou de falar comigo.

– É claro que sim, querida – respondeu ela, concordando comigo. – Eles falam com todos nós.

Balancei a cabeça:

– Não, estou dizendo que eu ouço o meu anjo de verdade. Sempre. – A voz de Francine já havia se tornado uma companhia constante.

Irmã Mary Stephanie olhou-me em silêncio por alguns instantes e pediu-me para ficar ali depois das aulas. Eu tinha uma vaga idéia de que isso era um tipo de punição, mas não sabia o motivo. Quando, ao final do dia, ela me pediu uma explicação e eu lhe falei de minha experiência com Francine, a freira fez um duro sermão sobre inventar histórias e criar problemas. Não voltei atrás e fiquei furiosa. Se ela tinha dito que nossos anjos falam conosco, por que se zangava quando eu afirmava que ouvia o meu?

Assim que cheguei em casa contei à vovó Ada e perguntei a ela se conseguia entender o que eu havia feito de errado. Vovó foi imediatamente até a escola e teve uma longa conversa com Irmã Mary

Stephanie. Não sei o que foi dito, porém nunca mais me repreenderam por ouvir vozes.

Na sexta série, começamos a aprender sobre o inferno, Satã e a possibilidade de uma pessoa estar possuída. Aquela amorosa e protetora religião repleta de anjos e que perdoa a todos de repente começou a se transformar na matéria-prima de que os pesadelos são feitos e, para ser sincera, meu primeiro e constante pensamento foi: "Essas coisas não são reais, mas meras táticas para nos amedrontar e fazer com que nos comportemos direito." Não havia nenhum sentido imaginar que Deus, que nos criou e que nos ama do fundo de Seu perfeito coração, pudesse ser tão frio, cruel e cheio de ódio a ponto de nos condenar à eternidade no inferno se comêssemos carne às sextas-feiras, se tivéssemos um simples pensamento pecaminoso, mesmo que não agíssemos de acordo com ele.

Até hoje, quando as coisas não fazem sentido para mim, eu as desafio e as exploro sem cansar. Assim sendo, levantei a mão outra vez e exigi que me explicassem em qual Deus eu deveria acreditar: no Deus de amor ou naquele ser maldoso a quem estávamos sendo apresentados. Mais uma vez fui convidada a ficar após as aulas e mais uma vez vovó Ada marchou pela rua afora para outra conversa com as freiras. Como médium e espiritualista, vovó estava certa de que o inferno e as possessões diabólicas eram criações do homem e não tinham nada a ver com Deus, e que Satã era tão real quanto o bicho-papão. Mas não foram as diferenças entre crenças que aborreceram vovó naquele dia e sim o fato de eu ter sido punida por fazer perguntas.

E então veio a confissão: ficar diante de uma pequena cabine e contar todos os meus pecados para um padre que eu não podia ver, esperando que ele me dissesse o quanto eu deveria estar arrependida e quantos pais-nossos eu precisava rezar para que Deus me perdoasse. Fiquei tão assustada em minha primeira confissão que anotei todos os meus pecados, temendo esquecer algum. O padre me ouviu remexer nos pedacinhos de papel e perguntou-me o que eu estava fazendo. Quando lhe contei, ele me repreendeu. E se alguém encontrasse aquela lista? Imagine a vergonha! Eu só tinha onze anos. A lista incluía pecados como responder mal à minha mãe e mentir dizendo que havia escovado os dentes duas vezes quando só os escovara uma vez. É óbvio que eu não achava meus pecados dignos de louvor, mas também não os considerava motivo de uma terrível vergonha.

O problema é que todo o processo da confissão me parecia ilógico. Se precisasse de algum intermediário entre mim e Deus, não deveria mais me preocupar em rezar, a não ser que o mesmo padre invisível estivesse ali para entregar as mensagens. E se Deus ama a todos nós da mesma maneira, por que Ele daria mais atenção a esse padre pedindo perdão por mim do que se eu pedisse diretamente? Isso sem mencionar o fato de que, segundo Francine, nossa comunicação com Deus é um ato de privacidade sagrada. Ninguém, nem nossos Guias Espirituais, pode espreitar essas "conversas". Assim, a necessidade da presença de uma pessoa durante a confissão não seria uma quebra da minha confiança e da confiança de Deus?

Talvez o mais confuso dos tópicos para mim fosse a vida após a morte. Conforme me explicaram, a cada um de nós é dada uma existência na Terra, após a qual ou somos banidos para a eternidade do inferno devido a qualquer infração – de assassinato ao uso de anticoncepcionais – ou somos aceitos no céu, onde passaremos a eternidade contemplando a Visão Beatífica, o que parece ótimo, mas não muito produtivo. O meu problema era que nenhum dos cenários me explicava a existência de Francine e dos outros espíritos que eu via e com quem falava todos os dias. Eles eram uma parte inegável da minha realidade e da realidade de tantos santos católicos reconhecidos. Ora, se todas as pessoas mortas estavam no inferno ou contemplando a Visão Beatífica, de onde vinham todos aqueles espíritos que me rodeavam?

Tive a sorte de encontrar um confidente gentil e compreensivo, um jesuíta chamado Padre Nadeau. Ele me encorajou a fazer-lhe todas as perguntas que quisesse e a continuar a ler e explorar, buscando satisfazer minha insaciável curiosidade. Eu nunca aceitei sem questionar a palavra de ninguém, inclusive a de Francine, por isso só havia um meio de chegar a uma convicção: buscando a instrução por todos os meios possíveis até encontrar um sistema de crenças que fizesse sentido para mim em todos os aspectos da minha vida, com informações suficientes para sustentá-lo.

Levei sempre as minhas dúvidas a Francine e a vovó Ada. Nas inúmeras conversas que tivemos, elas me ensinaram a nunca desrespeitar o catolicismo ou qualquer outra religião, pois, no final, concordando ou não com cada um de seus detalhes, em sua essência todas elas ensinam a mesma lição: ame a Deus, faça o bem ao próximo e retorne ao Lar. Nenhuma das duas jamais afirmou que minhas idéias eram erradas ou tolas, sempre responderam minhas perguntas com uma outra que ainda hoje me inspira e me motiva: "O que você acha?"

Para descobrir as respostas, decidi estudar também teologia e religiões mundiais quando comecei a faculdade. Sempre fui uma leitora insaciável e passei a ter uma desculpa perfeita para ler todo e qualquer livro religioso ou espiritual que pudesse ter nas mãos. Devorava tudo: *O Livro de J.*, de Harold Bloom, a série de Elaine Pagel, *Os Evangelhos Gnósticos,* o trabalho de minha heroína Eileen Garret, começando com *Muitas Vozes: Autobiografia de uma Médium,* Carl Jung, Joseph Campbell, Edgar Cayce, os ensinamentos de Buda e Maomé, os tântricos, *O Livro Egípcio dos Mortos, Bhagavad Gita,* a Sociedade Teosófica, o *Xintó,* os Rosa-Cruzes, o Talmude e o Corão. Estudei a vida de Apolônio de Tiana, um espírita grego que tinha o dom da cura, era professor e contemporâneo de Cristo. Aprendi tudo o que foi possível sobre os essênios, ou gnósticos, nos quais os católicos e várias denominações protestantes basearam tantos de seus dogmas. Conversei com padres, iogues, monges tibetanos, freiras, pastores, rabinos e mestres zen. Entrei em transe para receber Francine e ouvi inúmeras gravações de suas palestras sobre Deus, teologia e o Outro Lado. A cada passo do caminho, prometi a mim mesma não aceitar e nem rejeitar rapidamente qualquer ideologia e continuar até que minha confusão desse lugar ao bom senso e à lógica.

Uma das descobertas que mais me abriram os olhos foi a de que a maior parte das grandes religiões, inclusive o cristianismo antes de sua reestruturação por Constantino no século seis, aceitava a verdade da reencarnação e dos ciclos eternos da alma entre este mundo e o Outro Lado. Se isso fosse verdade, deveria haver referências ao assunto na Bíblia e, baseada nessa premissa, tornei-me uma dedicada estudiosa da Bíblia, em todas as suas vinte e seis versões, sendo que a minha favorita era a tradução de Lamsa do original, em aramaico. Isso mudou totalmente minha vida. Quanto mais estudava, mais simples e menos confusas foram se tornando minhas crenças religiosas e espirituais. Não há dúvida de que são os seres humanos e suas interpretações subjetivas de Deus os causadores de tantas incertezas entre nós.

Senti um imenso prazer ao descobrir que até nas traduções da Bíblia escritas depois de Constantino cinco ou seis referências à reencarnação e aos ciclos daqui ao Outro Lado conseguiram permanecer intactas. Apenas um exemplo:

O nono capítulo de João conta a história de um homem que nasceu cego. Os discípulos perguntaram a Jesus: "Mestre, quem pecou, este homem ou seus pais, para que nascesse cego?" Em outras palavras, os discípulos reconheceram a possibilidade de que nascer cego fosse um castigo pelos pecados cometidos por aquele homem. Porém, como ele era cego de nascença, só poderia ter cometido os pecados numa vida anterior.

Uma referência mais clara à reencarnação ocorre em Mateus, capítulo dezessete. Falando com Pedro, Tiago e João, Jesus disse: "Elias, de fato, deve vir e restabelecer todas as coisas. Mas eu vos digo que Elias já veio, mas não o reconheceram; antes fizeram com ele quanto qui-seram." O versículo treze diz: "Os discípulos compreenderam, então, que ele lhes falava de João Batista." Ora, sabemos que em uma de suas encarnações Elias foi amplamente reconhecido como sendo ele mesmo. Então é óbvio que se houve um tempo em que "não o reconheceram", foi em outra encarnação, quando os discípulos entende-ram que ele era João Batista, que foi decapitado pelo rei Herodes, o que é um dos mais claros exemplos que poderíamos encontrar para "fizeram com ele quanto quiseram".

Essas palavras estão em traduções da Bíblia feitas muito tempo depois que Constantino decidiu excluir o conceito de reencarnação do cristianismo.

O que você acha?

Apesar de continuar sempre fazendo perguntas, encontrei respostas que fizeram sentido para mim. Para isso houve um grande investimento.

Foram décadas de constantes estudos sobre como Deus e o Outro Lado são interpretados pelas várias religiões de grande beleza que existem no mundo.

Foram décadas de leituras com uma média de cento e quarenta clientes por semana e os espíritos que os rodeavam e que se mostravam ansiosos para falar.

Foram décadas gravando e verificando milhares de sessões de regressão hipnótica.

Foram décadas de incansáveis esforços e jornadas da Fundação Nirvana para Pesquisas Mediúnicas, incluindo encontros com os espíritos, anjos e outras entidades que conhecemos e com quem aprendemos ao longo do caminho.

Foram décadas de viagens astrais ao Outro Lado realizadas por meus familiares, funcionários, colegas e por mim mesma. Essas viagens nos levaram a perceber que passamos todos por experiências idênticas.

Foram décadas de consultas a centenas de psicólogos, psiquiatras, médicos, cientistas, professores, teólogos e outros pesquisadores paranormais como eu.

Foram décadas de céticos por todo o mundo, que tentaram sem sucesso desacreditar meu trabalho.

Foram várias mortes de pessoas queridas e sua indiscutível volta a esta dimensão para aplacar a minha dor com a notícia de que estavam e ainda estão muito vivos.

Foram a paciência, a generosidade, a sabedoria e os ensinamentos diários de minha infalível perita em teologia e no Outro Lado, Francine, minha Guia Espiritual.

Foi a emocionante descoberta de que religião, espiritualidade e a paranormalidade não são conceitos isolados como costumamos pensar, mas partes perfeitas, lógicas e consistentes da criação perfeita, lógica e consistente de Deus.

Foi minha própria experiência de quase-morte, que descreverei no terceiro capítulo.

Minha maneira de resumir, expressar e celebrar o que aprendi através de tudo isso foi fundar minha própria igreja, a Novus Spiritus, ou "novo espírito". Essa igreja, em vez de excluir, procura incluir, tendo alguns poucos princípios como base:

- Somos todos criados e incondicionalmente amados por Deus.
- Existe um Deus-Mãe, Azna, que é o aspecto feminino e emocional da Divindade, assim como o Deus-Pai é o aspecto masculino e intelectual. O Deus-Mãe não é uma invenção sem fundamento criada pelas feministas dos anos setenta. Ela é

reconhecida e reverenciada há mais de dois mil e quinhentos anos. Em nosso passeio pelo Outro Lado, estarei usando o pronome masculino Ele para me referir a Deus, mas somente porque acho que o uso constante de Ele/Ela é cansativo. A verdade é que Azna, o Deus-Mãe, e o Deus-Pai formam juntos a Divindade.

- Deus não é mesquinho, mau e crítico. Jamais. Esses atributos são estritamente humanos. Deus nunca se afasta de nós, somos nós que nos afastamos Dele. Existe uma conseqüência para o mal – não uma eternidade num lugar inexistente chamado inferno, mas um afastamento do Outro Lado, imposto por nós mesmos e que não dura por toda a eternidade.
- A resposta a perguntas do tipo "como pôde um Deus de amor ser tão cruel com alguém que não merecia?", ou "como Ele pôde permitir que uma criança inocente ou uma pessoa tão boa morressem tão cedo?" é muito simples: "Ele não pôde." Cada um de nós, do Outro Lado, antes do nascimento, elabora um planejamento detalhado de nossa próxima existência. Tudo o que vivemos aqui na Terra, inclusive nossos sofrimentos e a hora de nossa morte, é fruto de nossa escolha e não da escolha de Deus.
- Estamos no auge da vida quando estamos do Outro Lado. Nossas breves viagens a esta dimensão chamada Terra são uma opção que fazemos com o propósito de experimentar e superar a negatividade em nossa caminhada em direção ao aperfeiçoamento de nossos espíritos por Deus.
- Nosso espírito se lembra de cada um dos nascimentos e mortes, de cada existência sobre a Terra, cada vida no Outro Lado, e toda nova existência é profundamente afetada por tais lembranças, estejamos ou não conscientes disso.

Não é necessário que você compartilhe de todas essas crenças durante o passeio que faremos juntos pelo Outro Lado nos próximos cinco capítulos. Tudo o que lhe peço é que mantenha sua mente e seu coração abertos e que preste atenção a qualquer detalhe reconfortante que pareça familiar à sua alma. Juro que não será fruto de sua imaginação. Você estará apenas se lembrando e ansiando pela alegria e beleza extremas do Lar.

Quando eu tinha dezoito anos, minha querida vovó Ada morreu. Ela se foi confiante, sem medo, sabendo com absoluta certeza que havia me preparado bem para uma vida rica e fascinante, que o Outro Lado aguardava por ela e que algum dia estaríamos juntas novamente.

Mas eu fiquei muito triste, e minha tristeza, como acontece com tanta freqüência, trouxe a dúvida. Apesar de tudo o que vovó Ada e Francine me ensinaram sobre o Outro Lado e a eternidade do espírito, parecia que o amor, a inspiração e o firme apoio de minha avó haviam desaparecido para sempre. Não podia mais vê-la, ouvi-la, perceber sua presença perto de mim e senti-me vazia, sozinha. Meu dom mediúnico parecia inútil e confesso que por um momento cheguei a duvidar da existência de uma vida após a morte.

Eu estava totalmente perdida e imersa em dor quando minha família começou a se juntar para planejar o funeral. Meu namorado Joe, demonstrando uma força e uma sensibilidade impressionantes para sua pouca idade, sentindo minha necessidade de fugir dali, levou-me para um passeio de automóvel. Mas nada me trazia consolo enquanto percorríamos vários quilômetros sem destino determinado.

Ainda posso ouvir a perplexidade na voz de Joe quando ele quebrou o silêncio:

– Sylvia...

Olhei para ele e percebi que seus olhos estavam fixos no espelho retrovisor.

– Não quero assustá-la – prosseguiu Joe –, mas... sua avó está no banco de trás.

Não me virei de imediato. Fiquei sentada por um longo tempo até que, lentamente, comecei a sentir a presença de minha avó e o aroma sutil do perfume que ela sempre usava. Deixei então meus olhos deslizarem até o espelho retrovisor e prendi a respiração ao ver vovó Ada em seu vestido azul favorito, serena, saudável, sorrindo para mim. Virei rapidamente para olhá-la de frente. Naquele instante, porém, ela desapareceu.

Meu coração batia com força enquanto eu tentava absorver o impacto daquele brevíssimo encontro. É claro que ver espíritos não era novidade para mim, mas ver minha avó, alguém cuja falta eu sentia e de quem eu precisava tanto, era uma estranha combinação de consolo e dor. Num esforço para livrar-me daquilo, deixei minha mente cética tomar conta da situação e imaginei se não teria experimentado uma alucinação induzida pela dor da perda. Entretanto, se isso fosse verdade, como explicar que fora Joe e não eu quem a vira primeiro?

Na manhã seguinte, estava sozinha em meu quarto sentada de frente para a penteadeira quando a sensação de não estar sozinha tomou conta de mim. Olhei no espelho. Estava enganada – não havia mais ninguém ali. Concentrei-me em escovar o cabelo, apesar de poder jurar que sentia uma respiração leve e cálida em minha nuca.

Um estalido repentino e abafado, como se fosse um tiro, apunhalou o ar às minhas costas e quase ao mesmo tempo ouvi a voz forte de vovó Ada chamar: "Sylvia!" Levantei-me e olhei por todo o quarto sem ver nada, mas tendo a sensação da densidade daquele silêncio.

Saí do quarto bem depressa e desci as escadas correndo em busca da relativa normalidade de minha família. Papai já estava ao pé da escada e, percebendo minha perturbação, perguntou o que tinha acontecido. Quando lhe contei, ficou menos surpreso do que eu, porque nada mais o surpreendia muito depois de conviver com a mediunidade da sogra e da filha. Papai apenas sorriu e me lembrou da promessa feita por vovó Ada em suas últimas horas de vida: num período de três dias após sua morte ela encontraria uma maneira de se comunicar comigo do Outro Lado para que eu soubesse que ela voltara ao Lar em segurança.

Muitos anos mais tarde, aprendi que aquele estalido abafado é um fenômeno chamado "conexão" e é resultante do fato de um som abrupto atravessar o "véu" que separa a dimensão do Outro Lado da nossa, semelhante ao estrondo que acontece quando a barreira do som é quebrada.

Apesar desses sinais tão palpáveis que se seguiram à morte de vovó Ada, superar a tristeza por tê-la perdido foi um processo longo e doloroso. Experimentei muitas outras vezes essa dor, mas sempre pela minha própria sensação de perda, pois agora sabia com certeza que nossos entes queridos estão no Lar, na perfeita paz de Deus, esperando pelo nosso emocionante reencontro.

Para todos eles, para todos vocês, bem-vindos ao Outro Lado.

3

Morte:

Começa a nossa viagem ao Outro Lado

É uma tarde fria e cinzenta do mês de fevereiro, em 1987. Eu me encontro em meu escritório sentada de frente para Jane, uma paciente em profunda regressão hipnótica. De repente, vejo seu corpo enrijecer-se, sua face distorcer-se em pânico. Sua respiração, antes lenta e ritmada, torna-se rápida. Ela grita:

– Não... Oh, não...

Mantenho um tom de voz sereno, na esperança de que isso a acalme.

– Está tudo bem, Jane. Diga o que está acontecendo. O que você está vendo?

– Está escuro. Estou num túnel. É pequeno demais. Não consigo respirar. Não quero ficar aqui.

Ela começa a chorar. Já passei por isso milhares de vezes com outros pacientes.

– Jane, olhe ao seu redor. Logo você verá uma luz. Mova-se em direção a ela. Você já viu essa luz?

Após um breve silêncio, ela responde:

– Sim, posso vê-la, mas tenho tanto medo. Quero voltar. Por favor, deixe-me voltar. – E começa a soluçar.

– Coloque-se na posição de observadora – disse. – Você não está lá, está bem aqui, a salvo, apenas observando. Ouça o que estou dizendo, você está em perfeita segurança. Vá para a posição de observadora.

Ela se acalma um pouco, mas não por muito tempo. De repente, fica ofegante.

– O que foi, Jane? O que está acontecendo?

– Estou me movendo mais rápido. Não consigo parar. A luz agora está muito brilhante e estou quase chegando lá, mas é brilhante demais, estou com muito medo, por que não consigo voltar?

Ela mal consegue respirar. Sei que a pior parte ainda está por vir e repito:

– Você está na posição de observadora. Você apenas...

Ela me interrompe:

– Existem mãos tentando me puxar. Mãos estranhas, puxando, com muita força... Oh, meu Deus, eu saí. Estou fora do túnel. Há uma luz impiedosa e ofuscante por toda parte. Não consigo abrir os olhos, não quero abrir os olhos. Existem mãos, mais mãos em cima de mim, e muito barulho, alto demais. Estou com frio. Estou com tanto frio! Quem são essas pessoas? Não quero ficar aqui. Por favor, deixe-me voltar!...

Prosseguir seria demais para ela. Trago-a de volta do transe com rapidez e suavidade, explicando que, ao abrir os olhos, ela vai experimentar um sentimento de alívio e bem-estar. Ela me agradece, mas quando nos despedimos percebo que ainda há uma ponta de tristeza em seu interior.

Quando fiquei sozinha, um pensamento voltou à minha mente pela milésima vez: não estou interessada em fazer regressão hipnótica apenas pelo mero exercício, e não houve uma só vez em que aquela parte específica da regressão trouxesse qualquer benefício terapêutico para meus clientes. Tomo uma decisão. Prometo a mim mesma nunca mais fazer um paciente passar de novo pelo pesadelo do próprio nascimento.

Posso lhes afirmar uma coisa. Em cada uma das regressões hipnóticas que realizei, o que causa maior medo, a maior depressão, a maior dor espiritual aos meus pacientes não é a sua morte na vida anterior, mas seu nascimento nesta vida. A maioria das pessoas sente medo quando pensa que a morte é inevitável, mas posso lhe garantir que você já passou por uma experiência muito mais traumática no dia em que nasceu.

Apesar de eu ter ouvido tantos relatos de experiências de quase-morte, pode parecer estranho que eu tenha me surpreendido com a minha. Mas o fato de ela ter sido idêntica a tudo o que ouvi tornou-a fascinante e digna de ser contada aqui.

Eu tinha quarenta e dois anos e estava sendo submetida a uma cirurgia quando tive uma parada cardíaca e enfrentei os seguintes eventos, comuns em tais circunstâncias:

- O túnel que imediatamente apareceu não veio de "algum lugar lá em cima". Ele saiu do meu corpo, aparentemente de minha própria substância etérea. Em vez de levar até o céu, ele seguia "transversalmente", talvez num ângulo de vinte graus, confirmando que o Outro Lado não é um paraíso distante além das nuvens. Ele existe realmente, logo aqui entre nós, a apenas noventa centímetros acima do chão, porém em outra dimensão cuja vibração é muito mais alta do que a nossa.
- Eu não apenas me senti inteiramente viva enquanto me movia pelo túnel – eu estava inteiramente viva. Somente meu corpo, o veículo no qual viajei durante a existência atual, havia entrado em pane. Sentia-me livre, sem peso, inebriada e repleta da pacífica certeza de que tudo e todos com os quais havia me preocupado estariam bem. Com meu recém-descoberto senti-

do de eternidade, sabia que dentro em breve eu e meus entes queridos estaríamos juntos novamente.

- A lendária luz branca surgiu à minha frente, com um brilho sagrado e um conhecimento infinito.
- A figura de um ente querido surgiu na enorme abertura no fim do túnel: minha querida vovó Ada. A abertura era grande o suficiente para que eu conseguisse vislumbrar uma campina coberta de grama e repleta de flores, cujas cores eram mil vezes mais ricas e intensas do que as da Terra.
- Dois acontecimentos simultâneos mostraram, porém, que se tratava de uma experiência de quase-morte: quando estendi a mão para minha avó, ela fez o mesmo, mas a palma de sua mão estava virada de frente para mim, num gesto de "pare". Naquele instante ouvi a voz distante de uma amiga que, ao lado de minha cama no hospital, implorava: "Sylvia, não vá embora, as pessoas precisam tanto de você." Ao retornar à Terra tive a sensação de estar sendo puxada de volta por um enorme elástico que, amarrado à minha cintura, era esticado até o seu limite. Minha mão estava a poucos centímetros da mão de vovó Ada, mas no segundo seguinte fui arrancada dali e puxada com força para o peso confinante de meu corpo.
- Não fiquei apenas triste por voltar. Fiquei zangada, frustrada e deprimida durante muitos dias.

Há pessoas que quando "saem" de seus corpos ficam pairando sobre eles, fascinadas diante da novidade de poder ver a si mesmas, ouvir o que os outros estão dizendo e ver o que estão fazendo. Se você se encontrar ao lado de alguém que esteja à morte, lembre-se de que, mesmo após o último suspiro, essa pessoa pode estar ouvindo tudo o que você diz.

É importante deixar claro que sua viagem pelo túnel jamais lhe trará medo ou estranheza. Lembre-se: você já passou por ele muitas vezes e não apenas sobreviveu, mas fez a opção de voltar à Terra e de passar por ele de novo. E com apenas algumas exceções que explicarei mais tarde, cada adulto na Terra, independente de sua raça, nacionalidade, religião ou falta dela, atravessa exatamente o mesmo túnel em direção à mesma luz sagrada de Deus.

Realizei centenas de regressões em crianças, que mesmo ainda bem novas têm fácil acesso a vidas e mortes passadas, e fiquei maravilhada ao descobrir que todas elas, quase sem exceção, não atravessam um túnel quando morrem, mas uma ponte. Depois de confirmar este fato com outras pessoas que fazem regressão, perguntei a Francine o porquê. A resposta é simples: a situação de se encontrar subitamente num túnel pode deixar a criança desorientada. Atravessar uma ponte, no entanto, é algo mais lógico e menos perturbador e, assim, quando alcança o Outro Lado, a criança consegue compreender como saiu do ponto A e chegou ao ponto B.

Quanto à bela e reconfortante visão de um ente querido nos esperando no final do túnel, todos nós já ouvimos os céticos dizerem que tudo não passa de uma alucinação induzida pelo uso de medicamentos ou pelo pânico. Tenho certeza de que falo por todos os que tiveram uma experiência de quase-morte quando afirmo que isso não é verdade.

Conheci Shelly num hospital do norte da Califórnia, quando eu e meu filho Christopher visitávamos pacientes terminais. Estava claro que Shelly atravessava os momentos finais, perdendo e recobrando a consciência várias vezes, rodeada de seus consternados familiares. De repente, reunindo suas últimas forças, ela levantou os braços como se alguém fosse abraçá-la, sorriu e disse:

– Ruth, você está aqui!

Em voz baixa, perguntei a um senhor ao meu lado o que estava acontecendo.

– Ruth é a irmã dela – explicou. – Ela tentou chegar, mas ficou presa no Colorado.

Virei-me para Chris e comentei:

– Isso é o que eles pensam.

Menos de uma hora depois que Shelly faleceu, a família recebeu um telefonema do Colorado avisando que Ruth morrera inesperadamente naquela tarde. Assim, Shelly sabia de algo que sua família desconhecia: Ruth não estava presa no Colorado, estava do Outro Lado, em segurança, esperando para dar as boas-vindas à irmã que retornava ao Lar.

O CORDÃO DE PRATA

Mover-se por um túnel em direção a uma luz não é o único paralelo digno de se mencionar entre o nascimento e a morte. Há também um cordão em cada um desses processos que nos alimenta e nos conecta à fonte. O cordão umbilical do nascimento é muito parecido com o cordão de prata, amarrado ao nosso corpo logo abaixo do esterno, que alimenta nossos espíritos com a força vital do amor de Deus e que nos mantém ligados ao Outro Lado durante nossas breves viagens para longe do Lar.

O cordão de prata apareceu várias vezes em meus exaustivos estudos sobre religiões e crenças mundiais, incluído até numa referência bíblica no capítulo doze do Eclesiastes: "Antes que o cordão de prata seja rompido... e o espírito retorne para Deus, que o deu." Entretanto, ele não me causou grande impressão, porque me parecia por demais místico e impossível de ser comprovado. Duvidei até mesmo quando Francine me garantiu que era real, pois, como já disse, enquanto não vejo algo com meus próprios olhos, não consigo acreditar.

Então, é claro, acabei vendo o cordão e fui obrigada a reconhecer, mais uma vez, que Francine estava certa.

Eu me encontrava estendida no chão, meditando profundamente, deixando-me guiar por uma eloqüente e inspiradora fita de ioga tântrica, quando cheguei à inquietante conclusão de que estava fazendo uma viagem astral – eu havia saído de meu corpo e flutuava pela sala de estar.

Algumas palavras sobre viagem astral e projeção: não gosto delas. Jamais gostei. Intelectualmente, reconheço que são uma maneira bastante eficiente para visitar as pessoas e os lugares de que mais gostamos, aqui e do Outro Lado, sem o inconveniente de levar o corpo junto, e sei que sempre podemos voltar quando temos vontade, sem a possibilidade de nos perdermos "por lá". Emocionalmente, porém, é uma experiência que me faz sentir sem o controle da situação, e isso eu detesto. É interessante constatar que o amor pelas projeções astrais pulou a minha geração, passando direto de vovó Ada para meu filho Chris e minha neta Angelia.

Christopher parece ter aprendido a se projetar astralmente ao mesmo tempo em que aprendeu a andar. Quando ainda era bebê, foram inúmeras as vezes que, sentado ao meu lado sobre o tapete peludo da sala, eu percebia que ele estava quieto demais. Logo depois descobria pequeninas pegadas no tapete, onde seu espírito alegre e saltitante fora brincar. Eu ordenava, firme: "Chris, volte aqui agora!" e ele me olhava com ar inocente e um sorriso, como se dissesse: "Quem, eu? Só estou sentado aqui."

A primeira viagem astral de Angelia, pelo menos a primeira que conhecemos, aconteceu aos três anos de idade. Eu, Chris e sua esposa, Gina, colocamos a menina para dormir. Havia ao lado de sua cama um balão que havia sobrado de uma festa. Angelia parecia dormir profundamente quando saímos do quarto nas pontas dos pés. Ao voltarmos para a sala, o balão nos seguiu. Estranhamos, mas atribuímos o fato a uma possível corrente de ar. Porém a teoria do acaso caiu por terra quando o balão seguiu Chris até a cozinha, da geladeira à pia, parando junto dele em cada lugar. Continuávamos incrédulos até que Chris começou a caminhar pela casa fazendo curvas inesperadas, subindo e descendo as escadas, entrando e saindo de repente dos quartos, e o balão sempre ao seu lado. Finalmente ocorreu-me uma explicação possível. Chamei Chris e Gina, e corremos os quatro – nós três e o balão – até o quarto de Angelia. Sentei-me ao lado dela na cama e sussurrei:

– Angelia, o que você está fazendo?

Ela abriu os olhos e respondeu rindo:

– Estou seguindo o papai.

Perdoem-me por ter saído um pouco do assunto, mas adoro essa história. Voltando ao que comecei a contar, ali estava eu flutuando pela sala após ir mais fundo do que pretendia em minha meditação tântrica. Eu teria retornado ao meu corpo assim que percebi que o havia deixado se não tivesse visto, pela primeira e única vez em minha vida, um cordão de prata tão delicado quanto um fio de teia de aranha saindo do meu plexo solar e seguindo por uma trilha reluzente que desaparecia um pouco mais adiante, em meio ao ar tênue da dimensão de onde ele se originara. Era lindo e era real.

Eu não vi o cordão de prata quando estava no túnel encaminhando-me em direção à vovó Ada, mas posso ter estado aturdida demais para percebê-lo. Poucos pacientes relataram tê-lo visto em seu caminho de volta ao Lar, mas, agora que sei que o cordão de prata é real, desejaria ter sido capaz de vê-lo. Aceito que você duvide de que em todas as nossas vidas estamos ligados ao Outro Lado, de maneira palpável, por um cordão de prata. Entretanto, como testemunha ocular da existência desse cordão, posso garantir que ele está lá e sinto-me abençoada por tê-lo visto.

Mencionei algumas poucas exceções em relação à viagem do espírito após a morte do corpo. Sinto que precisamos explorar essas viagens para esclarecer alguns pontos sobre os quais as pessoas sempre me questionam, e que eu costumava perguntar a mim mesma inúmeras vezes, até encontrar as respostas. É importante ter em mente que cada uma dessas exceções é uma opção do indivíduo, e não de Deus. E embora sejam minoria, a freqüência com que acontecem não permite que sejam ignoradas.

A primeira viagem é a que resulta em espíritos terrenos, mais conhecidos como fantasmas.

FANTASMAS

Um fantasma é criado quando, na morte da pessoa, seu espírito vê o túnel e se afasta dele ou recusa-se a admitir sua existência, ficando, assim, preso do lado de fora do corpo, entre duas dimensões: a nossa e a do Outro Lado.

Rejeitar o túnel e privar a si mesmo da viagem natural ao Outro Lado cria uma ilusão compartilhada por todos os fantasmas: eles não sabem que estão mortos. Não importa o quanto sua morte foi violenta ou traumática, para eles nada mudou exceto pelo fato de que, de repente, o mundo em geral passou a tratá-los como se não mais existissem. É claro que isso os deixa confusos e extremamente indignados. Quando "morri", eu também não teria tido a mínima idéia da situação em que me encontrava se não fosse pelo túnel e, portanto, posso realmente compreender os fantasmas.

Imagine que você está em sua casa, entregue à sua rotina diária, quando uma família estranha chega com todos os seus pertences e começa a desfazer a malas. Você se coloca na frente deles e exige que lhe expliquem o que estão fazendo ali, ameaçando chamar a polícia. Mas eles não lhe dão a menor atenção, agindo como se você não existisse, talvez identificando a sua presença como um ponto mais frio na sala. Se você for um pessoa cordata, pode até acabar aceitando a situação, passando a conviver em paz com essas pessoas. Caso contrário, vai criar um tumulto grande o bastante para tentar expulsar de sua casa esses intrusos desavergonhados. Por isso, quando se trata de fantasmas, eles merecem mais compaixão do que medo.

Por estar metade dentro e metade fora deste mundo, os fantasmas são um pouco mais fáceis de se enxergar e ouvir do que os espíritos que fizeram a transição para o Outro Lado e precisam mudar de dimensão para se materializar. Passei os últimos quarenta anos investigando as assombrações e conheci e conversei com vários fantasmas. Há uma detalhada discussão sobre esse trabalho em meu livro *O Outro Lado da Vida,* mas vou resumir aqui alguns encontros para demonstrar algo significativo: os motivos mais comuns que levam os fantasmas a rejeitarem o túnel e recusarem-se a atravessá-lo são o amor ou o ódio intensos e o medo.

- Na época em que as instituições destinadas aos doentes mentais os tratavam de forma desumana, uma mulher chamada Coleman trancou o marido louco no porão de sua casa para mantê-lo a salvo. Ela cuidou dele até sua morte com grande amor e carinho. Logo depois, ela também morreu, mas infelizmente, enquanto ele fez a transição imediata para o Outro Lado, ela permanece na casa até hoje, na ilusão de que o marido ainda está lá e precisa dela.
- É muito raro que os suicidas que se matam por vingança permaneçam no nível terreno, como discutiremos na sessão que trata dos suicídios, mas conheço um caso. Uma cliente tinha um padrasto que sempre a maltratara. Um dia ele se deitou na cama, do lado em que a esposa costumava dormir, e atirou na própria cabeça, sabendo que a mulher e a enteada estavam a caminho de casa e seriam as primeiras a encontrá-lo. Sua obsessão por controlar e intimidar o mantiveram naquela casa durante vários meses, amedrontando e ameaçando a enteada através do que ela imaginava serem sonhos, até que o pai biológico da moça intercedeu do Outro Lado para retirar o padastro dessa dimensão.
- Vários membros de uma família que conheci no programa *The Montel Williams Show* viram mais de um "estranho" em

sua casa durante muitos anos, especialmente um homem em uniforme de trabalho que sempre parecia estar protegendo o quintal e uma mulher mais velha e baixa, num vestido escuro e simples e uma touca usada pelos membros de uma seita, os Amish. Esses "estranhos" apareciam e desapareciam sem dar atenção aos habitantes da casa e, embora não parecessem ameaçadores, sua presença estava deixando as famílias nervosas. Garanti a eles que os "estranhos" não desejavam fazer nenhum mal, eram apenas um homem chamado Henry Beard e sua mãe desempenhando as tarefas diárias em sua amada terra, sem perceberem que estavam mortos há muitas décadas. Após o intervalo comercial, um dos produtores do programa surpreendeu-me anunciando que havia confirmado através de telefonemas que no início do século uma importante família chamada Beard fora a proprietária da maior parte das terras onde agora viviam os convidados do programa.

- Outra assombração fascinante que explorei graças a Montel Williams estava acontecendo na casa de um jovem casal e seu filho ainda bebê. Eles ouviam batidas constantes e o som de passadas no sótão. Algumas vezes identificavam as passadas leves e rápidas de uma criança. A televisão ligava e desligava sozinha e ajustava o volume por conta própria. A mãe sentia uma presença constante às suas costas quando estava no quarto do bebê, e este parava de chorar no meio de um acesso de mau humor, olhava para cima parecendo ver algo que ninguém mais via e começava a rir de alegria. Descobrimos que o terreno onde a casa fora construída abrigara a casa de Isaac e Martha Kingsley e de seus filhos Joshua e Aaron, em 1881. A casa pegou fogo, matando toda a família. Isaac e Joshua chegaram a salvo do Outro Lado, mas Martha ainda estava na propriedade procurando por Aaron, chorando a morte do marido e do filho mais novo. Aaron também continuava lá, tentando achar o caminho para o Lar. Consegui ajudá-lo a encontrar a luz e ele agora se encontra com Isaac e Joshua. Mas Martha, convencida de que ela e Aaron estão vivos, continua apegada à propriedade enquanto procura pelo filho.

Algumas vezes um espírito rejeita o túnel devido ao amor por uma terra ou uma casa onde tenha investido muita paixão ou vivido toda uma história familiar. Entretanto, jamais encontrei um fantasma que o rejeitasse devido ao apego a um automóvel, uma jóia ou uma roupa especial. É uma boa lição para nós o fato de que, no momento em que deixamos o nosso corpo, as riquezas materiais que acumulamos em nossas vidas perdem toda e qualquer importância.

Pode levar um ano ou cem, mas os fantasmas acabam aceitando o túnel e a luz do Outro Lado. Mais uma vez repito: o maior problema é convencê-los de que estão mortos. Uma vez eu estava explicando a um fantasma dos mais rebeldes, de maneira calma e lógica, como ele havia morrido e mostrando quais eram os sinais que poderiam fazê-lo compreender isso (além do fato de que eu era a primeira pessoa que ele encontrava, depois de vários anos, que podia vê-lo e ouvi-lo). Ele me olhou fixamente e perguntou: "Como você tem certeza de que não é você que está morta?" Meu primeiro impulso foi responder na defensiva: "Porque é óbvio que estou viva, seu idiota." Mas percebi que era exatamente assim que ele e outros fantasmas deviam se sentir quando alguém lhes dizia "desculpe-me a franqueza, mas você está morto". Então, tratei de procurar outro argumento.

A propósito, se você ou seus filhos são capazes de ver fantasmas e espíritos com relativa facilidade, quero contar minha experiência para lhe ensinar algo importante. Quando meu filho Chris era pequeno, costumava ver e brincar com espíritos e anjos, inclusive com seu Guia Espiritual, Charlie. Como vivi experiências semelhantes em minha infância, nunca me preocupei com isso. (Essa é uma boa oportunidade para que eu possa encorajar você a ouvir atentamente e fazer perguntas quando seu filho lhe falar sobre seus "amigos imaginários". Tais amigos podem não ser fruto de imaginação.) Um de seus "amigos" prediletos era um menino chamado Joey, que parecia ter tocado de maneira especial o coração de Chris. Um dia, pedi a meu filho que falasse de Joey e, no meio da descrição, ele me disse com tristeza: "Mamãe, Joey é todo queimado." Foi nesse dia que expliquei a Chris tudo sobre fantasmas e sobre a importância de encorajá-los a voltar para o Lar, mesmo que fosse sentir sua falta. Por que aquele comentário me fez perceber que Joey era um fantasma? Porque se ele fosse um espírito que tivesse vindo do Outro Lado, não teria ferimentos ou queimaduras. Fico feliz ao contar que Chris e eu conseguimos impelir Joey a buscar a luz e que meu filho compreendeu a situação, pois seu amor pelo amigo era grande o bastante para ficar feliz por ele quando se despediram.

Felizmente não depende apenas de nós seres humanos convencer essas pobres almas a reconhecerem e aceitarem o túnel. Os espíritos do Outro Lado têm mais consciência da presença dos fantasmas do que nós e exercem sua constante e piedosa intervenção pelo tempo que for preciso, até que possam guiá-los em segurança para o Lar.

Por isso, nenhum espírito está exilado de Deus por toda a eternidade, não importa o quanto venha a tentar – nem mesmo os espíritos que criam uma outra exceção à divina jornada através do túnel. Esses espíritos optam por se afastar de Deus e, destituídos da luz do amor, vivem no Lado Negro.

O Lado Negro são os verdadeiros sociopatas da Terra, sem remorso e sem moral, que não dão valor a nenhuma vida que não seja a sua própria. Eles vêem o resto da humanidade como um imenso mar de joguetes que servem para brincar, usar, manipular e, de uma ou outra forma, destruir. E essa destruição pode ser causada por assassinato propriamente dito ou por formas mais insidiosas de abuso físico, emocional ou mental, porque o Lado Negro se sente no direito de perpetrar qualquer tipo de destruição. O Lado Negro são os criminosos aos olhos da lei ou da sociedade decente que não podem ser reabilitados, pois reabilitar significa que a pessoa já foi habilitada, ou pelo menos possuía uma consciência social. No Lado Negro nada poderia ser menos verdadeiro.

O Lado Negro não inclui ninguém com doenças mentais ou algum desequilíbrio químico além de seu controle. Pessoas que vivem no Lado Negro podem alegar doenças mentais para evitar as conseqüências de seu comportamento, mas, ao contrário dos doentes mentais, suas melhores e piores ações são escolhas conscientes e calculadas. Elas sabem distinguir o certo do errado. De vez em quando são até capazes de boas ações, apenas para seduzir. Mas quando cometem algo errado sabem exatamente o que estão fazendo e simplesmente não se importam.

Seria conveniente se o Lado Negro formasse um grupo separado que usasse uniformes ou nascesse com chifres ou tridentes. Mas, infelizmente, eles estão por toda a parte, parecendo-se com qualquer um. Eles podem entrar em sua vida como pais, filhos, irmãos, cônjuges, amigos, amantes, chefes ou até um líder político, religioso ou espiritual que você crê que tenha um interesse humanitário. Se achar que isso pode desarmar alguém, o Lado Negro é capaz de falar como se fosse o amigo mais íntimo de Deus.

A verdade, entretanto, é que o Lado Negro rejeita Deus com tanta intensidade que o Seu amor constante e incondicional não lhe causa nenhum impacto. É, sem dúvida, o amor menos correspondido que existe, com conseqüências que não poderiam ser mais trágicas e duradouras.

Quando uma pessoa do Lado Negro morre, seu espírito nunca experimenta o túnel com a luz sagrada ao final. Em vez disso, atravessa diretamente a Porta Esquerda do Outro Lado, ou como diz minha neta de seis anos, Angelia, o Paraíso Perverso. Isso significa que, quando chegamos ao Outro Lado, encontramos duas portas e escolhemos entre a da direita e a da esquerda. Mas somente em ocasiões extremamente especiais uma pessoa tem consciência de ter visto duas portas, e isso jamais acontece a quem está avançando em direção à porta da direita. Não há o perigo de um espírito entrar pela porta errada por engano e acabar num lugar onde não deveria estar. A grande maioria de nós é impulsionada diretamente em direção ao destino certo sem perceber a existência de qualquer outra porta.

Do outro lado da Porta Esquerda há um abismo de escuridão, ímpio, vazio, sem alegria, um nada que abrange tudo. Os únicos habitantes permanentes desse abismo são seres sem rosto, usando mantos com capuzes, que se tornaram o arquétipo para a figura da morte com uma foice nas mãos e outros personagens de total desesperança que aparecem nas artes e na literatura. Esses seres não agem como guias para os espíritos negros e nem como anjos vingadores, mas funcionam como um conselho, inspecionando os caminhos daqueles que aparecem brevemente diante deles.

E o tempo que uma alma passa no abismo que se descortina atrás da Porta Esquerda é muito breve, pois, ao contrário dos espíritos do Outro Lado que podem escolher se querem voltar à Terra para outra encarnação e quando desejam fazê-lo, os espíritos da Porta Esquerda viajam diretamente de seus corpos inertes para a escuridão ímpia que escolheram e voltam para o útero outra vez, numa viagem em forma de ferradura que os deixa tão sem luz ao nascer quanto em sua morte na vida anterior. Em outras palavras, tomando Hitler como exemplo perfeito do Lado Negro, no instante em que ele morreu seu espírito atravessou a Porta Esquerda e entrou no útero de alguma mulher que provavelmente está se perguntando até hoje onde foi que ela errou como mãe, quando a verdade é que o caminho negro da vida de seu filho já estava determinado antes de seu nascimento. Assim, se existe alguém em sua vida que pertence ao Lado Negro e você está convencido de que poderá modificá-lo oferecendo-lhe amor e paciência suficientes, por favor, lembre-se de que você está lutando contra um ciclo perpétuo da alma que torna impossível o progresso espiritual, e essa luta você não pode vencer.

Todos os espíritos, inclusive aqueles do Lado Negro, são filhos de Deus, que os ama incondicionalmente, seja esse amor retribuído ou não. E Deus não permite que nenhum de seus filhos seja condenado ao ciclo da ferradura por toda a eternidade. Assim como os espíritos do Outro Lado costumam trazer fantasmas de volta ao Lar, às vezes, num ato de coragem e compaixão que pode levar centenas de anos, eles também conseguem capturar um espírito negro no instante em que este alcança a Porta Esquerda e o trazem para a restauradora paz da luz de Deus, seu verdadeiro lugar.

Como médium e como ser humano não posso descrever o quanto fiquei aliviada e quantas de minhas perguntas foram respondidas quando, finalmente, descobri a verdade sobre a viagem do Lado Negro, sua entrada pela Porta Esquerda e seu retorno ao útero. Do ponto de vista mediúnico, isso explica algo que eu tinha observado durante toda a vida. Rodeando a imensa maioria das pessoas, vejo uma multidão de espíritos do Outro Lado – Guias Espirituais, entes queridos que já se foram e anjos. De vez em quando, porém, observo pessoas que não têm espíritos do Outro Lado ao seu redor e que parecem isoladas daquele apoio de amor e assistência que cerca a maioria de nós. Eu costumava me preocupar com esse fato, mas agora sei que existe uma explicação lógica para ele: essas pessoas solitárias são entidades sem luz que, por livre escolha, em seus breves momentos entre duas existências, vão para algum outro lugar e pagam um alto preço espiritual por isso.

Como ser humano, encontrei dois níveis de consolo na verdade sobre os ciclos dos espíritos negros. Por um lado, eu sabia que o Deus perfeito em que acredito nunca seria mesquinho e vingativo para banir qualquer de Seus filhos de Sua presença divina por toda a eternidade. Por outro, jamais consegui aceitar a idéia de que Hitler e eu terminaríamos juntos do Outro Lado, no mesmo abraço, no intervalo entre duas existências, como se não houvesse nenhuma diferença significativa entre a minha alma e a de um monstro genocida. Agora sei qual é essa diferença: é a que faz Hitler passar pela Porta Esquerda e lá ficar por incontáveis encarnações negras enquanto a maioria de nós vai para o Outro Lado. Hitler virou as costas para Deus, que nunca deixou e nunca deixará de amá-lo, e isso é algo que muitos acham tão espiritualmente inconcebível quanto o próprio homem.

O PONTO DE ESPERA

É um mito cruel acreditar que qualquer pessoa que cometa suicídio esteja condenada por toda a eternidade. Em geral, o suicídio é a quebra de um contrato com Deus. Quando o suicídio é motivado por um sentimento mesquinho de vingança, principalmente se houver crianças envolvidas, os suicidas têm garantida a sua passagem pela Porta Esquerda e sua volta direta para o útero, sem paz entre duas existências. Em alguns casos mais raros eles permanecem presos à Terra, capturados pelas conseqüências dos pesadelos que causam àqueles que deixam para trás.

Entretanto, os suicídios causados por doenças mentais, por desequilíbrios químicos genéticos não tratados ou pela força de um desespero paralisante podem levar a caminhos diferentes.

Há suicidas que atravessam com toda segurança o túnel que leva ao júbilo do Outro Lado. E há o Ponto de Espera.

O Ponto de Espera é um tipo de ante-sala da escuridão sem Deus da Porta Esquerda, separada dela, mas próxima o suficiente para não conseguir se isolar de sua penetrante negatividade. Os habitantes do Ponto de Espera são os suicidas desgostosos e desesperados e aqueles espíritos que passam suas vidas na Terra naquela vasta área cinza entre o Lado Negro e a luz divina. Seu comportamento em relação a si mesmos e ao resto da humanidade reflete a confusão de sua fé em Deus e de seu relacionamento com Ele. As tristes almas do Ponto de Espera ainda podem escolher entre seguir pela Porta Esquerda e voltar para outra encarnação, ou seguir em frente até o Outro Lado. A chave, como sempre, é Deus.

É incontestável o fato de que quanto mais aprendemos, mais há o que aprender. Por isso não me importo em admitir que só comecei a aprender sobre o Ponto de Espera há um ano, quando, durante o sono, fiz uma viagem astral até lá. Não entendi que lugar era aquele, mas percebi que estava cercada por um mar de espíritos perdidos, separados de sua fé pelo melancólico caos da depressão profunda. Eles não diziam uma única palavra, nem a mim nem uns aos outros, apenas arrastavam-se lentamente sem direção, as cabeças baixas, os olhos sem vida, secos, resultantes de um pesar profundo demais para as lágrimas. Não havia crianças, mas havia adolescentes. Moviam-se por um silêncio cinza que a desilusão tornara tão pesado que levei dias até recuperar-me dos poucos minutos em que o senti.

Mesmo sem ter a mínima idéia de onde estava e nem de quem eram aqueles seres trágicos, segui um impulso e comecei a correr por entre eles, quase em pânico, abraçando-os e incentivando-os: "Diga que ama a Deus. Por favor, apenas diga que ama a Deus e você conseguirá sair daqui." Ninguém respondeu ou sequer olhou para mim. Exceto pelo som de minha própria voz, o silêncio era esmagador.

À distância, além daquele lugar terrível, pude ver uma ampla entrada, e essa simples visão me deixou em pânico. Não conseguia enxergar mais nada além dela. Mesmo sendo curiosa, nada nesse mundo me faria tentar. Percebi que era a Porta Esquerda e que ninguém que opte por atravessá-la pode chegar a compreender a enormidade do ciclo vazio, negro e frio prestes a agarrá-lo. Eu teria feito qualquer coisa para impedir que os espíritos que me rodeavam entrassem ali e implorei freneticamente a cada um: "Por favor, ouça o que estou dizendo, você precisa dizer que ama a Deus."

Foi Francine quem mais tarde me contou que eu estivera no Ponto de Espera. Pedi que ela me explicasse por que nunca mencionara esse lugar antes e ela me deu a mesma resposta que ouvi em outras milhares de ocasiões: "A não ser que você me faça perguntas, não lhe dou respostas." Ela e vários outros espíritos do Outro Lado viram quando eu me encontrava lá e sabiam que eu estaria bem, embora vigiassem todos os meus passos para garantir a minha segurança. Ela me falou sobre o desespero confuso que leva um espírito até o Ponto de Espera e confirmou que ali é o verdadeiro purgatório sobre o qual eu aprendera na infância, na escola paroquial. Fiquei ao mesmo tempo aliviada e triste ao saber que, após minha saída, três daqueles espíritos aos quais me dirigi conseguiram encontrar força para agarrar-se a Deus e chegar em segurança ao Outro Lado – aliviada porque três deles estavam no Lar, e triste porque tantos outros ainda permanecem ali, naquele vazio cinza, perigosamente próximos do abismo que se esconde atrás da Porta Esquerda.

Desde então, rezo todas as noites por aqueles espíritos desconsolados. Pedi aos ministros e membros de minha igreja que rezassem por eles e peço o mesmo a você. O desespero do Ponto de Espera é implacável demais para que os espíritos o vençam sozinhos, mas juntos podemos libertá-los e iluminar seus caminhos até o regozijo e o amor do Outro Lado, que eles não conseguem enxergar.

Peço também, por favor, que você se poupe de uma aflição desnecessária quando enfrentar momentos de dor e de choque pela morte de um ente querido. Eu digo isso com absoluto respeito por todos os rituais espirituais praticados em qualquer lugar do planeta para honrar os mortos: não importa como ou o que você faça para exprimir sua dor, sua tarefa mais importante é confortar, respeitar e apoiar aqueles que ficam. Garanto a você que o espírito do morto já está em algum outro lugar, despreocupado com o tamanho de sua lápide ou o número de pessoas que compareceram ao seu funeral. Conversei com centenas de milhares de espíritos que partiram e nenhum deles falou de qualquer detalhe desses. Os mortos não precisam mais de seus corpos nem dos objetos que tanto apreciavam na Terra. Agora, pela perfeição do entendimento que alcançaram no Outro Lado, o que os preocupa é o bem-estar daqueles a quem amaram e dos que lhes ofereceram o seu amor. Muito raramente eles podem até estar presentes em seu próprio enterro, não para verificar o número de pessoas, as flores ou as palavras elogiosas dos discursos, mas para ver se seus entes queridos estão bem. Porém, como estão enfrentando suas próprias transições, os espíritos dos que se foram podem se sentir desolados com a visão da dor daqueles a quem amam. Por isso, quanto mais tranqüilo e sereno for o serviço religioso, mais facilidade eles terão para seguir em paz.

A escolha entre enterrar, cremar, congelar ou qualquer outro destino a ser dado ao corpo do morto deve ser feita estritamente de acordo com o nível de consolo que isso trará aos que ficam. Quando o veículo que transporta o espírito aqui na Terra for abandonado, nada disso fará diferença em sua jornada. Mas se você tiver a forte crença de que somente alguém cujo corpo tenha sido enterrado "de maneira adequada" pode voltar ao Lar, abandone-a. As crianças desaparecidas, os soldados que morreram em longínquos campos de batalha e cujos corpos jamais serão localizados, os corpos não identificados em necrotérios, todos têm tanto direito à paz do Outro Lado quanto você e eu, e nós os encontraremos lá, mesmo que seus corpos não tenham sequer sido enterrados, quanto mais "da maneira adequada". Lembre-se, Deus jamais exclui ou discrimina.

Mais uma vez eu afirmo: a morte é apenas o início de uma vida inteiramente nova e o túnel, apenas o veículo que nos faz chegar lá. Limitar a discussão sobre o Outro Lado à passagem pelo túnel é como comprar passagem para ir a algum lugar maravilhoso e nunca perguntar ao agente de viagens o que iremos encontrar depois que sairmos do avião.

4

DEPOIS DO TÚNEL: CHEGANDO AO OUTRO LADO

Agora que já estabelecemos como e por que a maioria de nós atravessa um túnel até essa dimensão tão próxima chamada o Outro Lado, podemos passar a falar sobre o Outro Lado propriamente dito e sobre o que acontece quando lá chegamos. Ao contrário do muito que já foi escrito sobre essa parte de nossa jornada após a morte, não "saímos voando do túnel para aterrissar numa pilha de nuvens macias, deixar crescer um par de asas e passar a eternidade tocando harpa". Existe vida no Outro Lado, uma vida real, estimulante, alegre e abençoada – o túnel é apenas o começo.

É claro que as palavras e as imagens que usamos são pobres e inadequadas para expressar a realidade da dimensão do Lar. Mas, como não possuímos outros meios para comunicar algo que é quase indizível, é com elas que vou tentar transmitir o que tenho presenciado e ouvido.

O reencontro que acontece quando chegamos ao Outro Lado é um dos eventos de maior enlevo que podemos experimentar. Não se esqueça, não estamos viajando para algum lugar desconhecido, estamos voltando para o Lar, para a dimensão de onde viemos, cercados de espíritos que já conhecíamos e de quem sentimos saudades, espíritos que amamos nesta e em muitas existências, tanto na Terra quanto no Outro Lado.

Os espíritos do Lar são alertados de que estamos a caminho quando, como descreve Francine, nossa luz começa a piscar, a luz de Deus que carregamos em nosso interior e que age quase literalmente como uma "lâmpada-piloto" para manter nossa alma iluminada, nossa própria "chama eterna". Quando alguém me pergunta se um doente irá recuperar-se, é Francine quem me diz se sua luz está piscando. O mundo espiritual é capaz não apenas de ver essas luzes, mas de dizer qual delas indica que uma pessoa conhecida está para chegar. Assim, os espíritos não saem correndo para saudar cada estranho que apareça. Para compreender melhor, é como quando ao dirigir pela cidade encontramos inúmeros semáforos. Sabemos a qual deles devemos reagir e quais não têm nada a ver conosco. O mundo espiritual sabe a que luzes deve responder, fato que me deixou feliz. Da mesma maneira que não gostaria de descer de um avião e ser abraçada por uma multidão de estranhos, gostaria de passar minhas primeiras horas de volta ao Lar encontrando meus entes especialmente queridos. E não serão apenas aqueles da vida que acabamos de deixar, mas também os amigos e entes queridos de cada uma de nossas vidas passadas, na Terra e no Outro Lado, muitos dos quais não víamos desde que saímos do Lar para a mais recente encarnação.

Nunca me esqueci de um paciente chamado Ted que veio me procurar na esperança de que eu o ajudasse a vencer um terrível medo da morte. Com sua permissão, decidi regredi-lo a uma vida passada para provar que ele já experimentara a morte antes e sobrevivera. A regressão levou-o a uma existência anterior no Velho Oeste norte-americano, onde ele era um renomado fora-da-lei muito habilidoso com as armas, que, ironicamente, nada tiveram a ver com sua morte. Ele fora atacado pela tuberculose, que naquela época era comum e mortal. Lembrava-se de estar deitado sozinho em seu leito de morte, arrependendo-se da vida que levara, sem ninguém para reconfortá-lo ou chorar por ele, quando uma jovem de aparência delicada entrou em silêncio no quarto e ficou ao seu lado. Seu rosto lhe parecia familiar, mas ele não conseguiu identificá-la e já estava se convencendo de que não passava de uma visão causada pelo delírio quando ela tomou suas mãos e impeliu-o a segui-la.

Surpreso por encontrar forças, ele se levantou e começou a andar com ela até a porta do pequeno quarto. A parede à sua frente se abriu, como se fosse uma enorme cortina de cores brilhantes, e ele percebeu que a moça o estava levando a uma campina de indescritível beleza que se estendia mais adiante. Ao olhar para trás, ficou surpreso ao ver o próprio corpo, inerte, ainda estendido sobre a cama.

Estavam quase alcançando a campina quando ele perguntou à mulher:

– Quem é você?

Ela sorriu com um amor infinito, apertou sua mão e respondeu:

– Eu morri no parto, quando você nasceu.

Com essas palavras, a mãe que ele não conhecera levou o filho de volta ao Lar. E na sua vida atual Ted saiu de minha sala e nunca mais teve medo da morte.

Há um grupo que anseio especialmente em rever no Outro Lado: cada animal de estimação que tivemos em cada uma de nossas existências vem nos receber com enorme alegria. Jamais duvide de que nossos animais que estão do Outro Lado cuidam de nós a cada passo.

Também estão esperando por nós no Outro Lado, quase sem exceção – prestem atenção, por favor –, as nossas almas gêmeas. Você pode ter me ouvido falar sobre isso antes, mas para aqueles que não sabem vou explicar por que os inúmeros mal-entendidos sobre as almas gêmeas me preocupam. Cada um de nós foi criado com os dois aspectos, masculino e feminino, e experimentamos existências em ambos os gêneros. Também somos criados com um tipo de "gêmeo idêntico" espiritual cujos aspectos masculino e feminino são imagens espelhadas dos nossos. Esse espírito é a alma gêmea. Nossa alma gêmea não é, como o nome sugere, a nossa "outra metade", a não ser que você se sinta bem diante da idéia de que somos um bando de meias-pessoas. Em qualquer de nossas existências, nossa alma gêmea não é sempre do gênero que preferimos sexualmente, e por isso é um mito pensar que, na improvável chance de você dar de frente com sua alma gêmea aqui na Terra, vocês dois estão destinados a se tornar amantes ou marido e mulher. Na verdade, a possibilidade de que vocês escolham reencarnar ao mesmo tempo é bastante remota. Por que o fariam se têm uma eternidade juntos no Outro Lado e mesmo ali não são dependentes um do outro? Posso estar privando você de uma de suas idéias românticas favoritas quando afirmo que deve parar de procurar por sua alma gêmea aqui na Terra. Vou repetir o que falo para os pacientes que me procuram em lágrimas por não encontrarem a sua alma gêmea: "Sei exatamente onde se encontra a sua alma gêmea nesse momento – no Outro Lado, planejando uma festa para receber você de volta ao Lar."

Não se preocupe com a possibilidade de esperar ansiosamente reencontrar um ente querido no Outro Lado e descobrir que ele já retornou à Terra para uma outra encarnação. É provável que anos, décadas ou mesmo séculos se passem antes que você ou um ente querido optem por voltar, se é que farão tal escolha. Esse conceito pode ser difícil de entender enquanto estamos presos à idéia de "tempo" da Terra, mas isso não existe no contexto de eternidade do Outro Lado. Quando pergunto a Francine quanto tempo algo vai durar ou em quanto tempo vai acontecer, percebo uma leve impaciência em sua voz ao responder: "O que você chama de um mês" ou "Um ano em seu mundo". Uma longa existência na Terra é percebida pelos espíritos do Outro Lado como uma rápida ausência do Lar. Portanto, se você descobrir que seu ente querido encarnou novamente, não se aborreça. De acordo com a sua nova noção de tempo, em poucos minutos você irá revê-lo.

Discutiremos em detalhes um pouco adiante quem são os nossos Guias Espirituais, mas é importante citar o fato de que eles são os primeiros a nos saudar quando emergimos do túnel e depois nos acompanham pessoalmente pelas várias etapas necessárias para completar nossa transição desta para a dimensão do Outro Lado.

Depois desse primeiro reencontro, a maioria dos espíritos é levada pelo seu Guia Espiritual até um magnífico edifício chamado Palácio da Sabedoria, que fica localizado próximo ao túnel e é o primeiro que vemos ao chegar. Dentro desse palácio há um gigantesco salão cercado de colunas. Nosso Guia nos conduz até um dos vários bancos de mármore branco e afasta-se enquanto nos sentamos e damos início a um processo do qual muitos sobreviventes de experiências de quase-morte têm lembranças, embora poucos se recordem com detalhes precisos.

A Máquina de Exame de Vida

Já ouvimos algumas vezes esta frase: "Toda a minha vida passou diante de meus olhos." É exatamente isso o que acontece no Outro Lado, na quietude daquele lugar consagrado, no interior do Palácio da Sabedoria.

No centro da sala, cercado pelos bancos de mármore, está a Máquina de Exame de Vida. Dentro dela, assistimos a todos os eventos de nossa vida como num filme, vendo com perfeita clareza cada momento, bom ou mal, certo ou errado, importante ou trivial.

Ainda me lembro de minha primeira conversa com Francine sobre a Máquina de Exame de Vida e meu comentário cético:

"Rever toda a nossa vida não leva um tempo longo demais?" Ela voltou a me repetir que o tempo é uma obsessão terrena. Na realidade do Lar, o tempo não existe. Ouvi incontáveis vezes essas mesmas palavras sobre o Outro Lado e, embora as aceite, acho difícil assimilar a idéia. Tudo é "agora". Tenha esse conceito sempre em mente quando eu falar de "tempo". Então, revemos a nossa vida durante o "tempo" que for necessário, "rebobinando" e retomando certas partes várias vezes. "Muito demorado" é um aspecto sem sentido num lugar onde o tempo não existe, e a Máquina de Exame de Vida é uma etapa essencial para o eterno progresso de nossos espíritos.

Quando saímos no Outro Lado para mais uma encarnação, nosso propósito é vencer alguns desafios específicos e cumprir determinados objetivos. Para isso, montamos um planejamento completo de nossas próximas existências. Diante da Máquina de Exame de Vida, podemos examinar o plano que elaboramos, numa atmosfera livre de negatividade, onde o ar que respiramos está impregnado do amor e da compreensão incondicionais de Deus. Rever nossas vidas não através de nossos olhos terrestres, mas através da imparcialidade e honestidade de nossos olhos espirituais significa que não estamos apenas analisando o que fizemos através de um novo ponto de vista, mas estamos vendo as pessoas que nos rodeavam com uma compreensão mais amorosa e tolerante de que talvez não fôssemos capazes na dimensão terrena. Voltarei a falar com mais detalhes desse ponto.

Vem agora uma questão crítica: quem julga a vida que acabamos de completar não é Deus nem nosso Guia Espiritual. Somos nós. Julgamos a nós mesmos, nossos avanços e recuos, nossos gestos e atos de amor ou de ódio, de bondade e de egoísmo, nossos momentos de coragem e covardia. Acima de tudo, avaliamos o quanto conseguimos cumprir do planejamento que fizemos ao sair do Lar para a existência terrena que acaba de terminar. É o julgamento mais justo possível, pois, assim como não há negatividade no Outro Lado, também não há sentimentos de autodefesa e autojustificativa impedindo-nos de enfrentar a verdade de nossas ações na Terra. Nosso Guia Espiritual, que nos acompanhou em cada etapa da existência que estamos revendo, irá nos confortar nesse difícil processo. O veredicto final quanto ao fracasso ou sucesso da vida que acabou, porém, é nosso.

Imagine – cada palavra, cada ação, cada vez que poderíamos ter ajudado alguém e não o fizemos, cada expressão de raiva com que ofendemos ou humilhamos alguém, tudo isso será exibido diante de nossos olhos na Máquina de Exame de Vida. Quem sabe não é melhor você fazer desde já uma rápida revisão, todas as manhãs, não para se culpar ou se punir, mas para progredir no amor?

De acordo com Francine e pacientes que descreveram suas experiências nessa máquina – conseguidas através de regressão ou de viagens astrais –, os espíritos, em sua ampla maioria, saem dali com a sensação, às vezes forte, às vezes vaga, de uma tarefa incompleta. Por estranho que pareça, não são os nossos grandes erros os que insistem em permanecer em nossos pensamentos, mas as ocasiões em que nos omitimos quando poderíamos ter feito mais – o amigo doente ou sofrendo que estávamos ocupados demais para visitar e abraçar com compaixão, a senhora de idade carregada de sacolas a quem não oferecemos ajuda, a criança perdida de quem não nos ocupamos, a pessoa acidentada por quem passamos sem nos deter. E assim por diante.

É no momento em que deixamos a Máquina de Exame de Vida que começamos a pensar na possibilidade de voltar à Terra e tentar mais uma vez. Seu impacto sobre nós é muito profundo, o que torna ainda mais importante experimentarmos o próximo passo de nosso retorno ao Outro Lado.

Orientação

A experiência da Máquina de Exame de Vida é logo seguida pelo igualmente essencial processo de Orientação. É durante a Orientação que discutimos a existência que acabamos de rever com nosso Guia Espiritual e com outros espíritos cuja contribuição pode nos oferecer a perspectiva e o conhecimento de que necessitamos para avaliar com honestidade tudo o que aprendemos.

Vamos supor, por exemplo, que haja uma pessoa que você tenha humilhado várias vezes durante a última existência. Ver suas atitudes na Máquina de Exame de Vida fez você lastimar profundamente seu procedimento. Os orientadores e seu Guia Espiritual, examinando seu planejamento para aquela vida, podem ajudar você a perceber se a sua relação com aquela pessoa foi fundamental para o seu progresso, ou se as coisas que aconteceram apontam para uma lição que você precisa voltar para aprender. Se a pessoa que você humilhou já estiver no Outro Lado, você pode lhe pedir ajuda, perguntando que tipo de impacto o seu comportamento teve nela. Talvez você queira corrigir os sérios problemas que causou. E pode ser que seus atos não a tenham afetado tanto quanto você imagina. Talvez o que você fez a tenha levado também a prejudicar outras pessoas, perpetuando um ciclo de problemas que vocês podem agora tentar interromper. Você é capaz de descobrir, com surpresa, que exerceu um papel importante na vida dessa pessoa, levando-a a tornar-se defensora daqueles que sofreram abusos semelhantes aos que você a submeteu. De qualquer maneira, essa parte do processo de Orientação lhe trará um entendimento completo das questões mais problemáticas de sua vida para que você possa aprender, corrigir e caminhar no sentido de perdoar-se e seguir em frente com mais amor e compaixão.

Outra finalidade da Orientação é facilitar a transição dos espíritos despreparados para a viagem e que, ao chegar, estão excessivamente desnorteados ou aborrecidos para ficar em paz. Nem todos sentem o mesmo regozijo por voltarem ao Lar. Assim que os espíritos despreparados passam pela Máquina de Exame de Vida e pela avaliação que se segue, recebem de seus orientadores o mais bondoso e compreensivo dos aconselhamentos, visando aplacar o seu estado de perplexidade e frustração. Depois disso, poderão ainda ficar o tempo que for necessário realizando as mesmas atividades que lhes traziam conforto quando estavam na Terra.

O pai de Lindsay é um exemplo perfeito de um espírito que passou por este último estágio de Orientação. Sua existência terminou sem qualquer aviso. A família de Lindsay estava reunida para uma celebração de Natal na casa de seu irmão em Monterey, e no caminho para o aeroporto de San José um motorista bêbado causou um acidente ao qual seu pai não sobreviveu. Ele era um homem alegre e saudável, tinha sessenta e três anos e ansiava pelos feriados. Estava no automóvel com a mulher, o filho e a filha, a família que tanto adorava, e contava uma anedota quando de repente, sem que pudesse evitar, BAM! Ele se foi. E não ficou nem um pouco satisfeito. Tomar conta de sua família sempre fora sua maior prioridade. Mas ali estava seu filho hospitalizado com uma grave concussão, a mulher e a filha com escoriações leves, mas sozinhas numa cidade estranha, tendo de lidar com a morte do esposo e pai a mais de três mil quilômetros de casa, o Natal transformado em choque e pesar. E ele não sabia como ajudá-los estando no Outro Lado, lugar onde ele se viu antes mesmo que acabasse de contar a anedota. Sua Orientação levou cerca de seis meses e incluiu muitas pescarias, mas no final ele acabou se transformando no que é agora, um espírito alegre e ocupado, que protege e visita seus entes queridos aqui na Terra com muito mais freqüência do que eles se dão conta.

Meu pai, por outro lado, morreu após enfrentar vários meses de doença. Mesmo com tantos avisos, sua transição para o Lar foi mais difícil do que a do pai de Lindsay, exigindo cuidados maiores do que a Orientação é capaz de fornecer. Naturalmente, os espíritos do Outro Lado estavam prontos, dispostos e treinados o suficiente para lhe oferecer, e a todos como ele, o cuidado extra de que necessitava através de um processo chamado Casulo.

Papai e eu tínhamos uma extraordinária ligação iniciada no dia em que nasci. Quando ele morreu, chegou ao Outro Lado bastante agitado devido ao pesar pela nossa separação, quase como se quisesse absorver a sua própria dor e a minha, na esperança de poupar-me do sofrimento de perdê-lo. Quando um espírito tão desconsolado vai para o Lar, seu Guia Espiritual e os membros mais próximos da família, sabendo que algo mais forte do que a Orientação tradicional se fará necessário, colocam-no num Casulo para fazê-lo atravessar em segurança o doloroso processo de "afastamento" que está enfrentando.

No processo do Casulo, o espírito é colocado na penumbra, num sono reconfortante e curativo, e recebe o cuidado constante e a firme infusão da compaixão, da paz e do amor bondoso e fortificante de Deus. O espírito desperta sentindo a alegria de estar no Lar, distante da dor da saudade.

Um espírito fica encasulado pelo tempo que for necessário para que se sinta melhor e inteiro novamente. No caso do meu pai, foram oito meses pelo nosso tempo, mas um piscar de olhos para ele. Quando, finalmente, ele veio do Outro Lado para me visitar, parecia que estivéramos separados por um tempo enorme e minhas primeiras palavras foram: "Papai, por que você demorou tanto?"

Ele me respondeu: "O que você quer dizer com isso? Acabei de partir."

Se você suspeitar que um ente querido que faleceu não estava emocionalmente preparado para sua volta ao Lar, por favor não se preocupe. Se ele estiver passando pela Orientação ou pelo Casulo, está em mãos seguras e sagradas e logo estará perto de você outra vez.

Entre as estruturas mais impressionantes que existem do Outro Lado estão as Torres. Vou descrevê-las e falar sobre sua função no próximo capítulo. Por enquanto, vamos nos concentrar na razão pela qual elas se encontram entre os edifícios que nos dão as boas-vindas no Lar.

As Torres servem para espíritos recém-chegados da Terra cuja morte ocorreu em circunstâncias violentas demais para que a Orientação ou o Casulo consigam ajudá-los de maneira eficaz.

Os espíritos que chegam ao Outro Lado desesperadamente confusos, desorientados ou perturbados por situações avassaladoras que fogem ao seu controle não conseguem experimentar a paz e o júbilo do Lar até que tenham sido "desprogramados" e conduzidos de volta à sua sanidade e identidade legítimas. Isso acontece, por exemplo, aos prisioneiros de guerra que morreram cativos após terem sofrido lavagens cerebrais e torturas, às vítimas do Holocausto e da Inquisição, a algumas das mais graves vítimas do mal de Alzheimer e de outras doenças que afetam por completo a mente. Na verdade, é levada imediatamente para as Torres qualquer pessoa que, tendo sido vítima de forças externas que a privaram do entendimento de onde estava e de quem era quando morreu, encontra-se incapacitada para compreender onde está no momento. Ela é conduzida até lá por seu Guia Espiritual e, com freqüência, por um ente querido, que a acompanham durante toda a recuperação.

O processo de desprogramação que ocorre no Outro Lado é uma versão sofisticada da desprogramação feita na Terra, e é realizado pelos melhores terapeutas. Muitas vezes o Guia Espiritual, um ente querido e os terapeutas recriam o lugar de nascimento do espírito, sua casa na infância ou qualquer outro local que lhe seja familiar e que lhe traga segurança e amor, enquanto o tratamento prossegue pelo tempo que for necessário até que esse espírito se acostume ao fato de estar no Lar outra vez, lembrando-se totalmente de sua identidade, da existência que acabou de completar e das vidas que a precederam. Assim, sua jornada eterna e jubilosa pode continuar intacta.

É claro que todos nós desejamos uma transição pacífica e feliz para nós mesmos e para aqueles a quem amamos no momento de atravessar o túnel daqui para o Outro Lado. Pelas razões que acabamos de discutir, nem sempre isso acontece. Entretanto, apesar de ser importante conhecer as várias etapas pelas quais poderemos passar depois que chegarmos, é muito mais importante nos concentrarmos no ponto principal: todo espírito que vai para o Lar é abraçado e cuidado no instante em que cruza aquela dimensão tão próxima, e todos os que vão para lá acabam se encontrando no acolhimento amoroso dos braços seguros de Deus.

Precisamos considerar também um tema real e muito forte: os entes queridos que deixamos para trás. Nem mesmo o júbilo do Lar é poderoso o bastante para diminuir o amor. Ao contrário, ele o faz maior, mais profundo, sagrado, de maneira a nos tornar parte daqueles a quem amamos, como eles também se tornam parte de nós depois que os deixamos. Eu não tinha a menor idéia dessa verdade até que a experimentei.

Você deve pensar que, sendo médium, eu não sofro grandes preocupações. Não tenho essa sorte. Quanto mais me aproximo de alguém, mais perco minha objetividade a seu respeito. Quanto mais perco minha objetividade, menos médium eu me torno devido à interferência do envolvimento emocional. Assim, sentir o puro poder do amor despreocupado no momento em que me vi no túnel seguindo em direção ao Outro Lado foi uma deliciosa surpresa. Não posso dizer que consegui recriar aquela maravilhosa clareza desde que voltei, mas tenho feito um grande esforço nesse sentido.

Como vimos, nem todo espírito é tão afortunado quanto eu fui ao experimentar uma paz tão imediata. Mas todo espírito, mais cedo ou mais tarde, acaba encontrando essa paz. Em primeiro lugar – nunca é demais repetir – nosso verdadeiro Lar é o Outro Lado, e não a Terra. É de lá que todos viemos, e nossa viagem para lá é a volta a um lugar conhecido, onde nos lembramos completamente do motivo pelo qual nos ausentamos e o que esperávamos cumprir com essa ausência. Isso nos dá uma nova perspectiva em relação a tudo e a todos os que encontramos e amamos na Terra enquanto passamos pela experiência que chamamos de "vida". Com essa nova perspectiva vem o entendimento e a aceitação de nós mesmos e das atitudes daqueles a quem amamos e por quem continuamos a velar.

Uma segunda razão que nos torna capazes de chegar ao amor despreocupado é que no Outro Lado temos acesso não apenas aos mapas que nós mesmos elaboramos ao planejar nossa jornada fora do Lar, mas também aos mapas de nossos entes queridos. Como mãe aqui na Terra, por exemplo, eu me sentia bastante atormentada pelo fato de meus dois filhos manifestarem tanta animosidade um em relação ao outro. Não estou traindo a confiança de ninguém dizendo isso, pois eles seriam os primeiros a confirmar os atritos, e um dos poucos pontos com os quais concordavam era que isso preocupava muito mais a mim do que a eles próprios. Quando eu me vi atravessando o túnel, me dei conta de que a relação dos meus filhos não me preocupava a mínima e de que eu estarei menos preocupada ainda quando chegar no Lar. Lá poderei ler os mapas dos dois, verificar por que escolheram ser irmãos com tantos conflitos e até descobrir como vai terminar esse capítulo de suas vidas eternas. Se quisermos, todos nós poderemos ler cada detalhe da vida que cada um de nossos entes queridos escolheu para si, com a enorme vantagem de que o objetivo dos caminhos pelos quais eles optaram irá ficando bem aparente à medida que lemos. Não existe nada que possa nos tranqüilizar mais do que a resposta para a pergunta "Por quê?". Se eu tivesse acesso aos mapas de meus filhos aqui na Terra, teria descoberto que eles acabariam se reconciliando em seu próprio tempo, sem qualquer esforço de minha parte, que suas mulheres seriam amigas e que meus lindos netos iriam crescer num ambiente de harmonia entre seus pais.

Finalmente, é preciso sempre lembrar que no Outro Lado, onde a eternidade é real, o tempo não existe. Assim, não importa quantos anos da nossa medida terrena um ente querido tenha planejado passar na Terra. Da privilegiada perspectiva do Lar ele estará conosco novamente em poucos momentos e nesse meio tempo até seus maiores traumas na Terra terão terminado num piscar de olhos.

Os que deixamos para trás

Não tenha a menor dúvida: os entes queridos que se foram podem e irão velar pelos que ficaram na Terra, e passarão algum tempo com eles assim que estiverem adaptados ao Lar, no Outro Lado. Há alguns que conseguem aparecer pouco depois de sua morte para assegurar à família e aos amigos que estão bem. Se você já passou por essa experiência, por favor não se preocupe em pensar que seu ente querido morto esteja ligado à Terra. É muito mais provável que, tendo acabado de fazer a transição entre as duas dimensões, ele esteja apenas tirando vantagem da facilidade com a qual consegue materializar-se.

Isso não significa que a habilidade de materialização dependa da quantidade de tempo que se passou desde que deixamos a Terra. Foi em 1956 que Francine apareceu fisicamente para minha família e sua única encarnação aqui terminou em 1598. É preciso poder e habilidade de nossa parte e uma audiência receptiva entre aqueles que deixamos para trás. Crianças e animais, que são as criaturas mais mediúnicas da Terra, serão capazes de enxergar os espíritos mais facilmente, seguidos por aqueles que têm a habilidade de sintonizar a vibração mais alta do Outro Lado, estejam conscientes disso ou não. Mas não se preocupe em ter que aprender a mudar de dimensão. A viagem entre a terra e o Lar não é uma via de mão única. Já fizemos a viagem de ida e volta muitas vezes e a faremos muitas outras, por isso sabemos exatamente como sair daqui e chegar lá.

Entretanto, existe uma possibilidade de que nossos entes queridos na Terra não sejam capazes de nos ver ou que tenham um vislumbre de nossa presença e convençam a si mesmos que foi apenas imaginação. Nesse caso, contamos com outras maneiras de fazer com que nossa presença seja notada. Uma das mais usadas é manipular fotografias nossas colocadas pela casa – virando-as para trás, de costas, ou jogando-as no chão, qualquer coisa que faça um membro da família ou um amigo perceberem que algo estranho está acontecendo com um objeto ligado a nós. Papai me deu uma caixinha de música que eu guardava com todo amor, e ele adora fazê-la "tocar sozinha" quando estou quase adormecendo. Outros métodos populares de acenar do Outro Lado variam entre deixar repetidamente um número incomum de moedas caírem em lugares estranhos, mudar o horário dos relógios ou os canais de televisão, ligar e desligar eletrodomésticos, ou sentar no banco de trás do automóvel e mexer levemente no cabelo da nuca do motorista, de forma a fazê-lo pensar que, "se não tivesse olhado bem", juraria que há mais alguém no carro. Como vimos no primeiro capítulo, se nos derem a oportunidade, podemos até deixar nossa voz gravada em fita, de maneira bem clara.

A energia de nosso espírito é enormemente ajudada por condutores, principalmente eletricidade, chuva e orvalho. É por isso que os espíritos conseguem afetar com facilidade aparelhos elétricos e televisores, e é por isso que as aparições mais ativas acontecem quando há chuvas e trovoadas e entre as três e meia da madrugada e o pôr-do-sol, antes que o orvalho evapore. Se alguma vez você resmungou diante do clichê cinematográfico de que o clímax das assombrações sempre acontece à noite, em meio a furiosos raios e trovões, devo lembrar que não é apenas um clichê, é correto do ponto de vista da física.

Uma das maneiras mais fáceis e sutis com as quais os espíritos se comunicam a partir do Outro Lado é através da mente subconsciente das pessoas cujo consciente é excessivamente cético e fechado para acolher qualquer mensagem. Sonho, meditação e hipnose são as oportunidades mais eficazes para o espírito visitar o subconsciente sem sofrer interrupções. As visitas durante o sono podem ser esquecidas no nível consciente ou confundidas com sonhos, apesar de serem claras e seqüenciais demais para isso. Durante a meditação, as visitas talvez sejam consideradas como um simples vôo da imaginação, e se ocorrem durante a hipnose podem fazer desconfiar que a presença do espírito tenha sido plantada ou sugerida pelo hipnotizador. A boa notícia é que, mesmo que não seja feita nenhuma conexão consciente, a mente subconsciente da pessoa com quem o espírito quer se comunicar irá registrar, lembrar e acalentar cada momento passado com ela.

Os espíritos também ficam atentos à chance de se comunicarem com alguém capaz de vê-los e ouvi-los, na esperança de que suas mensagens sejam transmitidas àqueles que não possuem essa capacidade. Como meus colegas médiuns podem confirmar, durante uma leitura mediúnica os espíritos costumam reunir-se em volta de nossos clientes fazendo gestos ou comentários que não têm nenhum sentido para nós, mas que os identificam, sem sombra de dúvida, para o cliente. Como diz Francine: "Quando ouvimos o sino tocar, saímos correndo." Isto significa que quando estamos do Outro Lado não só aproveitamos todas as oportunidades em que nossos familiares ou amigos visitam médiuns, como até colocamos em suas mentes essa sugestão, mesmo que eles possam considerá-la inicialmente uma tolice.

Há duas perguntas que meus clientes me fazem com maior freqüência a respeito de seus entes queridos que já morreram: "Eles estão felizes?" e "Estão tentando me dizer alguma coisa?".

Dependendo de certas variáveis temporárias como a Orientação, o Casulo e as Torres, mais cedo ou mais tarde a resposta para a primeira pergunta sempre será sim. Felicidade é pouco para descrever a vida no Outro Lado.

E a resposta para a segunda pergunta também é sempre um vigoroso sim.

Em raríssimas ocasiões, apenas se existe alguma situação mal resolvida de extrema urgência, um espírito diz: "Meu testamento, com todas as alterações feitas, está atrás do espelho da sala", ou "A apólice de seguro está no cofre da parede". Entretanto, vistos sob a perspectiva do Outro Lado, esses detalhes da vida parecem triviais demais para serem mencionados.

Uma cliente chamada Barbara veio me procurar numa manhã. Estava trêmula. Perguntei o que a estava incomodando e ela respondeu:

– Você vai achar que estou maluca.

Depois de assegurar-lhe que isso era impossível, pedi que ela me explicasse o que estava acontecendo. Hesitante, ela começou a contar sua história:

– Eu e minha mãe éramos muito próximas e a morte dela, há dois anos, me deixou totalmente desolada. Só agora comecei a recompor minha vida e estou me jogando de cabeça no trabalho de enfermeira, tentando me sentir útil novamente. Uma tarde, na semana passada, entre dois turnos de trabalho, eu estava tirando um cochilo no sofá e, juro, quando acordei minha mãe estava em pé ao meu lado. Isso parece idiotice, mas meu primeiro choque não foi por ela estar ali, com uma aparência mais saudável e feliz do que nunca, mas pelo fato de ela estar usando um vestido cor-de-rosa. Minhas primeiras palavras foram: "Mamãe! Sua roupa é cor-de-rosa! Você sempre detestou essa cor!"

Mamãe riu e disse: "As cores são diferentes aqui. O rosa é tão maravilhoso quanto todas as outras cores." Então, estendeu-me umas das mãos e lembro-me de que a senti quente e forte quando a segurei e me levantei. Minha mãe me levou até a porta que dava para o pátio, mas quando a abriu era como se tivesse me levado até a porta de uma outra dimensão – em vez de um pátio, entramos numa campina de uma beleza incrivelmente arrebatadora. Vi dois edifícios idênticos à minha direita, muito altos, feitos de mármore branco e vidros azuis. Perto deles havia um outro edifício, também de mármore branco, com colunas enormes. Mamãe apontou para ele e disse: "Eu trabalho aqui ajudando a atualizar os dados das pessoas. É um trabalho que me traz tanta alegria." Fiquei surpresa, pois mamãe era uma dona-de-casa, nunca teve um emprego, quanto mais um trabalho que lhe trouxesse alegria. Mas antes que eu pudesse fazer um comentário sobre isso, ela disse: "Você não pode ficar. Seu lugar ainda não é aqui." No instante em que ela disse essas palavras, senti como se estivesse sendo atirada de volta ao meu próprio corpo no sofá e, quando abri os olhos, ela já não estava mais ali e a porta do pátio era apenas uma porta comum que levava até o mesmo pátio de sempre. Tenho certeza de que não passou de um sonho, mas foi tão real, numa seqüência tão normal. Desde então, sempre sinto que minha mãe esteve comigo.

Na leitura mediúnica expliquei a Barbara sobre viagens astrais e lhe assegurei:

– Sua mãe esteve mesmo com você.

Uma sombra de tristeza passou por seu rosto e eu quis saber por quê.

– Fico imaginando por que ela veio, se havia alguma coisa que queria que eu soubesse e que não consegui compreender – ela explicou.

Eu já sabia a resposta, mas queria ver se Barbara conseguiria descobrir por si mesma e, então, fiz uma tentativa:

– Você é que vai me dizer. O que você sabe agora que não sabia naquela tarde?

Houve um longo silêncio antes que ela olhasse para mim com o mais radiante dos sorrisos e respondesse:

– Que minha mãe está viva.

Uma maneira perfeita de expressar aquela mensagem que todos os espíritos que encontrei estão ansiosos para comunicar, a mensagem que nós também ficaremos ansiosos para enviar no instante em que chegarmos mais uma vez ao Lar, a mensagem que o nosso consciente teima em esquecer apesar de nossas almas já saberem de cor: a morte não existe.

5

Como é o Outro Lado? Sua paisagem, clima e arquitetura

Talvez você se canse de me ouvir repetir que o Outro Lado é "mais bonito do que você pode imaginar". Mas a verdade é que o Outro Lado é incrivelmente belo. E não precisamos imaginá-lo, porque suas extraordinárias imagens estão gravadas de maneira indelével em nossa mente espiritual. Todos nós viemos do Outro Lado, voltamos para lá inúmeras vezes entre nossas existências na Terra e é lá que viveremos, com imensa alegria, quando a existência atual chegar ao fim. E, acredite ou não, sentimos tanta saudade do Outro Lado, que cada um de nós faz viagens astrais para lá durante o sono pelo menos duas ou três vezes por semana, embora não nos lembremos delas no nível consciente.

Se qualquer detalhe deste capítulo, por menor que seja, tocar você de alguma maneira, por favor, não despreze esse sentimento. Em vez disso, aceite a possibilidade de que seja a sua alma se comunicando com você e implorando para que você perceba e celebre a tranqüilizante familiaridade da existência no Outro Lado.

Como já disse no segundo capítulo, o Outro Lado não é um

lugar místico "em algum ponto lá em cima". Ele está logo aqui entre nós, a meros noventa centímetros do chão.

Ele é também a imagem perfeita da topografia natural da Terra. Nossos sete continentes, nossas cadeias montanhosas, planícies e desertos, nossas florestas, matas, ilhas, contrafortes, cada uma das obras da natureza na Terra existe em sua perfeição original no Outro Lado. Como não há erosão, poluição ou destruição, tudo está como era há muitos milhares de anos: as montanhas são muito altas e pontiagudas, os rios e lagos têm uma água cristalina que reflete o azul do céu, as praias e o litoral permanecem intocados. No Outro Lado, onde o tempo não existe, onde tudo o que tem vida sempre esteve e estará, nada envelhece, nada apodrece, nada se corrói. Cada milímetro quadrado de terra, cada gota de água, tudo é magnificamente, eternamente novo.

Isso inclui os dois continentes perdidos da Terra. A Atlântida floresce no oceano do Outro Lado que corresponde ao nosso Atlântico e no Pacífico de lá prospera o continente de Lemúria.

A familiaridade do Lar não está limitada às belezas naturais. Muitas das maravilhas criadas pelo homem existiram primeiro no Outro Lado, foram relembradas através do subconsciente e depois recriadas na Terra. Não é coincidência que esplendores como as Pirâmides, a Esfinge, os Jardins Suspensos da Babilônia, a Grande Muralha da China e o Taj Mahal encantem a paisagem no Outro Lado, todas tão sólidas como se sua construção tivesse terminado hoje de manhã. O Partenon está intacto e bem-cuidado, a Vênus de Milo original e todas as grandes obras de arte que foram tão lindamente duplicadas na Terra no Lar não foram sequer tocadas pela crueldade de vândalos, ladrões ou guerras, e nem sofreram a ação do tempo e de outros elementos. A grande biblioteca de Alexandria, destruída pelo fogo na Terra, está perfeitamente preservada no Outro Lado, os manuscritos do Mar Morto não apenas parecem novos, mas são lidos e estudados como se fossem um livro de histórias. Até o estilo greco-romano de arquitetura foi originado no Lar para depois ser tão apreciado na Terra. Na verdade, os primeiros edifícios com os quais nos deparamos ao sair do túnel são construídos nesse estilo clássico que na Terra associamos a uma grandeza discreta e graciosa.

Há uma constante reciprocidade de beleza entre o Outro Lado e a Terra. Ao mesmo tempo em que artistas, arquitetos e construtores continuam a reproduzir aqui as mais amadas maravilhas do Lar através de suas memórias, existem lugares da Terra que nos são caros e que foram reproduzidos no Outro Lado por causa de sua beleza, sua santidade e a reconfortante sensação de continuidade que criam entre as duas dimensões. O Jardim de Getsêmani, por exemplo, que a presença de Jesus tornou sagrado, foi replicado de maneira idêntica, assim como Meca, o Vaticano, a Catedral de São Pedro e outros lugares venerados. Assim, estejamos na Terra ou no Lar, podemos sempre nos dirigir a um lugar que nos é familiar para adorar a Deus e celebrar a Sua presença.

Não há precipitações meteorológicas no Outro Lado, não há chuvas, neve ou granizo. O vento mais forte é uma gentil brisa ocasional, não acontecem ondas de calor ou frentes frias e a temperatura se mantém sempre amena, fornecendo aos habitantes do Outro Lado uma fonte infinita de refrescante imutabilidade e ininterrupta beleza.

O sol, a lua e as estrelas não são visíveis no Outro Lado e não existem dias e noites. A luz é uma constante mistura de tons pastéis agradáveis e calmantes, como se os tons rosados que aparecem no alvorecer ou no fim de um dia do mais vibrante verão formassem um eterno pano de fundo.

Cada um dos continentes – os sete que existem para nós, mais Atlântida e Lemúria – está dividido em quatro quadrantes que são áreas planejadas para objetivos específicos no Outro Lado. Um quadrante pode, por exemplo, ser dedicado à pesquisa, outro à criação de animais e outro às artes criativas. Pode-se sair livremente de um para outro quadrante e explorar a variedade de interesses e responsabilidades que escolhemos para nós mesmos no Outro Lado.

Quase todos os animais que existem na Terra também crescem e são amados no Outro Lado. Como não há agressão, não existem predadores naturais, e o reino animal desfruta da mesma perfeita e segura paz. O equilíbrio ecológico é mantido porque quando Deus e não a humanidade está no comando a ecologia é eternamente perfeita.

Os espíritos se movimentam livremente entre os quadrantes, passando mais tempo em uns do que em outros, de acordo com seus interesses pessoais e obrigações. Mas existe um quadrante que é mais familiar a nós todos aqui na Terra e que as crianças em especial gostam de visitar em suas viagens astrais durante o sono, pois ele as faz lembrar do Lar de onde acabaram de sair. Esse quadrante abriga o que poderia ser chamado de centro do Outro Lado, o agrupamento dos "edifícios principais" que encontramos em nossa chegada e para onde retornamos muitas vezes durante nossas vidas lá.

Como vimos no segundo capítulo, não importa onde nossa morte ocorra na Terra, cada um de nossos túneis leva exatamente para a mesma entrada no Outro Lado. É nessa entrada que nossos Guias Espirituais, anjos e entes queridos vêm nos dar as boas-vindas ao Lar com imensa alegria. Ao contrário do que se pode imaginar, não há portões perolados para permitir ou negar nossa entrada, e São Pedro não se encontra lá com uma prancheta na mão verificando se nossos nomes constam da lista de convidados. O simples fato de chegar ao Outro Lado indica que pertencemos àquele lugar.

O primeiro edifício que vemos ao emergir do túnel é o amplo Palácio da Sabedoria, onde fica a Máquina de Exame de Vida. Sendo o Palácio da Sabedoria sinônimo da volta ao Lar em nossa mente espiritual, ele é o lugar preferido para nossas viagens astrais ao Outro Lado durante o sono, meditação e hipnose.

O Palácio dos Arquivos

Logo à esquerda do Palácio da Sabedoria fica o Palácio dos Arquivos, um dos edifícios mais fascinantes do Outro Lado. Como o nome sugere, o Palácio dos Arquivos contém todos os trabalhos históricos já escritos, inclusive aqueles cujos "originais" foram destruídos na Terra.

Só para lhes dar uma idéia da vastidão do Palácio dos Arquivos: ele guarda cada planejamento detalhado de cada encarnação de cada um de nós sobre a Terra. Já fiz várias viagens astrais ao Palácio dos Arquivos e sempre fico impressionada com o que vejo.

Podemos estudar à vontade nossos próprios mapas, dando novos contextos e perspectivas à jornada de nossas almas. Podemos também estudar os mapas dos entes queridos que deixamos na Terra para dissipar quaisquer dúvidas que possamos ter sobre o que ocorreu no tempo que passamos juntos, para saber exatamente o que lhes vai acontecer até que os vejamos outra vez e por quê. É também interessante explorar o mapa de alguém com quem não tivemos um bom relacionamento em nossa existência mais recente para compreendermos qual foi o objetivo que cumprimos em relação um ao outro e, muito provavelmente, quais foram os conflitos de vidas passadas que nos reuniram e que ainda estávamos tentando resolver.

Podemos deixar nosso espírito penetrar no mapa e fundir-se nele. No Outro Lado, "fundir-se" pode ser descrito como experimentar uma empatia total e extrema. Sem jamais perder nossa própria identidade ou assumir a identidade da pessoa com quem estamos nos fundindo, podemos assimilar seus sentidos, seus sentimentos e sua realidade durante algum tempo. Não vivemos a experiência dessa outra pessoa, mas estamos completamente imersos em toda a sua informação sensorial.

Como se a capacidade de fundir-se no mapa de alguém não fosse impressionante o bastante, parece que o processo de fundir-se num mapa age como se fosse uma máquina do tempo através da qual o espírito viaja do Palácio dos Arquivos para qualquer era e qualquer vida que tenhamos selecionado como nosso objeto de estudo.

Digamos que eu esteja no Outro Lado e, movida por amor ou preocupação, decida fundir-me em algum evento futuro que me pareça difícil de ser enfrentado no mapa de meu neto, Willy. Embora pelo tempo da Terra esse evento ainda não tenha acontecido, na ausência de tempo do Outro Lado posso fundir-me naquele evento e aparecer rapidamente lá para ver como Willy irá enfrentá-lo, o que me traria mais tranqüilidade.

Uma outra enorme utilidade desse processo está em nos fundirmos no mapa de um antigo inimigo ou de alguém que nos traiu ou nos abandonou quando mais precisávamos de sua ajuda. De repente, podemos conhecer e sentir todas as suas vidas anteriores, suas motivações, suas dores e seus obstáculos, e seremos capazes não apenas de ver mas de sentir a nós mesmos através de seus olhos. Você pode imaginar uma maneira mais rápida e valiosa de aprender sobre eles e sobre você mesmo, ou um caminho mais livre para o completo perdão? Não é de admirar que o Palácio dos Arquivos seja o centro de pesquisas mais movimentado e popular do Outro Lado.

O Palácio da Justiça

Imediatamente à direita do Palácio da Sabedoria está o belíssimo Palácio da Justiça, a sagrada estrutura onde o Conselho se reúne. Discutiremos o Conselho em detalhes um pouco mais adiante, por enquanto vamos apenas dizer que ele é composto dos respeitados e ilustres Anciãos, que desempenham um papel-chave em nossas vidas, seja no Outro Lado ou na Terra.

O Palácio da Justiça também tem colunas e domos e sua arquitetura é greco-romana, exatamente como os outros edifícios que completam o triunvirato que nos saúda quando chegamos de volta ao Lar. Mas sua característica mais apreciada e comentada pelas pessoas que se lembram de detalhes de suas experiências de quase-morte são os seus jardins incrivelmente belos.

Nada na Terra sequer se aproxima das cores, da fragrância, da variedade e da respeitosa venerabilidade dos jardins do Palácio da Justiça. Eles são a natureza em sua mais alegre celebração, oferecendo a Deus o seu mais orgulhoso hino de agradecimento. Por muitos e muitos quilômetros, tão longe quanto a vista possa alcançar em qualquer direção, caminhos de pedra e pontes descansam em meio a perfeitas flores, cintilantes fontes e regatos, delicadas quedas-d'água e exuberantes pérgulas. Muitas centenas de bancos de mármore branco, dedicados à meditação, escondem-se numa privacidade sagrada, entre dosséis de graciosas samambaias e buganvílias vermelhas e roxas, protegidos por enormes e frondosas árvores. Se alguma vez você já sentiu uma serenidade profunda e ao mesmo tempo sutil quando estava num jardim, se já sentiu a emoção provocada pelo aroma ou pela simples visão de uma flor ou de uma floresta de pinheiros, acredite, é a sua alma sentindo saudades dos jardins do Palácio da Justiça.

As torres

O Palácio dos Arquivos, o Palácio da Sabedoria e o Palácio da Justiça são os primeiros edifícios que nos esperam quando chegamos ao Outro Lado. Logo atrás deles levantam-se as Torres, duas estruturas idênticas, altas, de arquitetura contemporânea, com sólidas fachadas de mármore branco e vidros azuis. Cascatas descem pelas paredes, enevoando os jasmins que perfumam o ar, sinalizando a incomparável serenidade que nos espera quando ultrapassamos suas portas douradas.

As Torres são essenciais para todos os recém-chegados que necessitam de intensos cuidados psicológicos e emocionais no processo de transição para o Lar. Os "habitantes" do Outro Lado também as apreciam muito por serem lugares perfeitos para o isolamento, o estudo e a meditação. A eterna luz em tom pastel que impera no Outro Lado, filtrada pelos vidros azuis das Torres, cria uma paz e uma infusão ainda maior do amor de Deus pelo qual, inconscientemente, tanto ansiamos na Terra. Mesmo o silêncio mais profundo e curativo em nosso planeta é caótico se comparado à paz que encontramos ali.

Angelia tinha apenas quatro anos quando fez a primeira viagem astral às Torres, durante o sono, e não tinha a mínima idéia de como elas eram chamadas, o que eram ou mesmo em que mundo estavam. Mas, com seu vocabulário limitado, ela veio falar comigo na manhã seguinte e, agitada, descreveu a quietude, a fragrância e a infinita visão do paraíso através do vidro azul. Sua voz virou quase um sussurro quando concluiu: "Era muito lindo." O respeito com que aquelas palavras foram ditas por uma criança descreve com perfeição as Torres e o impacto que elas exercem sobre a alma.

Duas estruturas menos conhecidas repousam lado a lado um pouco além das Torres. Elas não fazem parte do nosso processo de chegada no Lar e nem estão incluídas em nossa rotina diária no Outro Lado. No entanto, também são lugares de grande respeito, essenciais para o alimento de nossos espíritos.

O Palácio dos Tons

Quando cada uma de nossas almas foi criada, recebemos nosso mantra individual – uma palavra ou série de sílabas específicas – que nossos espíritos ressoarão por toda a eternidade. Se pensarmos em nossos espíritos como instrumentos musicais únicos, construídos com grande destreza, nossos mantras serão os diapasões que os mantêm em perfeita afinação e harmonia com o Deus que os concebeu.

Cada mantra começa com "om", que é uma palavra de afirmação e aquiescência, seguido de um tom em geral composto de duas sílabas. O meu é "shireem" e o de Lindsay é "kiri". Nenhuma de nós reconheceu de imediato o som de seu mantra. Infelizmente, parece que sua ressonância divina fica abafada pelo barulho de nossas mentes conscientes aqui na Terra.

No Outro Lado, porém, nossos mantras nos são tão familiares e nos pertencem com tanta singularidade quanto o elo genético direto que temos com Deus. E para nos manter em perfeita afinação com Ele, para manter a pureza com a qual fomos criados, fazemos alegres viagens ocasionais ao Palácio dos Tons para meditar e repetir nossos mantras. Isso mantém os instrumentos, que são a nossa essência, primorosamente afinados. Não me entendam mal – nunca perdemos nossa sincronia e afinação com Deus. A repetição de nossos mantras no Palácio dos Tons é apenas um reconhecimento e uma celebração daquele som específico que é a nossa música e que pertence só a nós, um presente de Deus quando fomos criados e um presente que Lhe retribuímos todas as vezes que o pronunciamos.

Há também um lindo e mágico bônus em nossas visitas ao Palácio dos Tons. Apesar de nosso mantra ser único, não importa em que tom nós o cantemos, não importa se há dez ou dez mil pessoas cantando, seja qual for o momento, nossas vozes se juntam naquele palácio esplêndido e, gradualmente, fundem-se numa harmonia brilhante, não apenas com nosso Criador, mas também com outros espíritos à nossa volta, de maneira que, juntos, nossos tons se unem num hino espontâneo de louvor que engrandece todos os que o cantam e emociona o coração do próprio Deus.

Se você quiser tentar conectar-se com o seu mantra aqui na Terra, tente essa meditação silenciosa e simples. Ela pode ajudar:

Sente-se confortavelmente, mantendo sua mente e seu corpo relaxados, as mãos descruzadas descansando no colo, com as palmas voltadas para cima, numa atitude de acolhida. Feche os olhos e respire regularmente, cada vez mais profundamente, até sentir que atingiu uma concentração que separa você do barulho caótico da vida.

Lentamente, mova seu olho mental em direção a um imenso e reluzente obelisco de cristal que surge à sua frente, em meio a uma exuberante campina verde com lindas flores do campo. Você se emociona ao reconhecer o amado Palácio dos Tons e atravessa em silêncio a sua enorme porta aberta.

As infinitas paredes do obelisco de cristal formam um arco-íris e prismas de cores vibrantes que dançam nos bancos de mármore branco dispostos ao redor de uma enorme fonte, que murmura serenidade no centro da sala sagrada, sua água curando, aliviando, refrescando.

Você se acomoda num dos bancos de mármore, banhado em gloriosas cores, e pede a Deus que lhe conceda a graça do tom com que Ele o abençoou no instante de sua criação. Murmure baixinho o "om" que o inicia, deixando o "m" prolongar-se até que você o sinta vibrar suavemente na garganta. E então ouça bem... ouça... até que uma ou duas sílabas comecem a tomar forma no mais íntimo do seu ser.

Se as sílabas não vierem, recite pacientemente o alfabeto, letra por letra, para ver qual delas emite um som que repercute em sua alma. Deixe um quadro-negro formar-se à sua frente, se isso ajudar, e observe qualquer palavra que venha a surgir.

Pode ser que você não consiga definir seu tom, mas não se frustre. Cada minuto passado na santidade do Palácio dos Tons, apenas repetindo o "om" de afirmação, traz à sua alma o milagre da paz e faz você se lembrar do Lar e harmonizar-se com ele.

O Palácio das Vozes

À direita do Palácio dos Tons fica uma estrutura reservada para um dos maiores privilégios que nossos espíritos poderão experimentar, um encontro divino com um som mais transcendente que já foi ouvido até na Terra, como se seu júbilo fosse grande demais para ficar contido numa única dimensão.

Vamos falar sobre os Anjos no sétimo capítulo. Por enquanto, precisamos nos concentrar numa de suas inúmeras qualidades singulares: tanto no Outro Lado quanto em suas aparições aqui na Terra como nossos protetores, eles jamais pronunciam uma única palavra. Sua comunicação conosco e entre si é sempre silenciosa e telepática.

Entretanto, de tempos em tempos, todos os Anjos da poderosa e abençoada legião de Deus encontram-se no Palácio das Vozes e executam um concerto sem paralelo, cantando a sua adoração ao Criador num enorme coral cujos únicos sons audíveis são hinos de agradecimento pelas vidas vividas em Sua eterna presença.

As canções dos Anjos são tão poderosas que ultrapassam as paredes do Palácio das Vozes e espalham-se por todos os lados, levando a graça de Deus a cada animal, cada folha, flor e árvore, cada riacho e oceano, cada rocha, pedra e grão de areia do Lar.

Uma vez na Terra entreouviu-se o som dos gloriosos hinos angelicais, como está escrito no segundo capítulo do Evangelho de Lucas ao descrever com eloqüência o importante acontecimento ocorrido imediatamente após o nascimento de Cristo: "E subitamente ao anjo se juntou uma multidão de anjos do exército celeste, que louvaram a Deus e disseram: 'Glória a Deus no mais alto dos céus e na terra paz aos homens a quem Deus quer bem.'"

Que maneira mais brilhante haveria para anunciar a presença de Jesus entre nós do que uma canção de louvor, cantada pelos Anjos no Palácio das Vozes para que todos pudessem ouvir?

A beleza e a riqueza de propósitos dos edifícios na entrada do Outro Lado – o Palácio da Sabedoria, o Palácio dos Arquivos e o Palácio da Justiça com seus surpreendentes jardins – são suficientes para nos manter ocupados com muita alegria por toda a eternidade.

Mas eles são apenas o começo da infinita dimensão do Lar.

6

Além da entrada: Onde moramos, trabalhamos, brincamos e adoramos

Olhe através de qualquer janela de sua casa ou do seu escritório, olhe para baixo quando estiver num avião, olhe para a vastidão que se descortina de qualquer lugar na Terra e imagine uma topografia idêntica, mas sem estacionamentos, centros comerciais, viadutos, auto-estradas, poluição, lixo e todo o entulho daquilo que chamamos de "progresso".

Agora, diante dessa paisagem vicejante, perfeita e intocada, você pode começar a ter uma idéia longínqua de como é o Outro Lado.

Francine já me explicou várias vezes que, da mesma maneira que não existe o conceito de tempo no Outro Lado, também não existe o conceito de espaço. Centenas, talvez milhares de pessoas podem viver, trabalhar e socializar-se ao mesmo tempo numa pequena área sem causar aglomeração.

Assim, por mais difícil que pareça, tente não limitar suas imagens do Lar nas incômodas restrições espaciais que nos imobilizam aqui na Terra.

MORADIA

Ainda me lembro do alívio que senti quando ouvi de Francine que temos um lugar só nosso para morar no Outro Lado. Até mesmo no paraíso, a idéia de ficar vagando sem um pouso, sem um espaço apenas meu, não me deixava muito feliz. No Lar, nossos corpos, mesmo sendo reais, exigem muito menos manutenção do que na Terra. Podemos ingerir alimentos para apreciar o seu sabor ou pelo simples prazer da experiência, podemos preparar comida se isso nos causar satisfação, mas não precisamos comer e nem cozinhar. Se quisermos, podemos nos deitar e descansar, mas não há necessidade de sono. Criamos nossa aparência e nossas roupas com o mesmo pensamento projetado com o qual criamos nossas casas, e por isso não precisamos de guarda-roupas, maquiagem, pentes ou escovas de cabelo. E certamente não precisamos de nenhuma proteção contra os elementos da atmosfera. Em outras palavras, não há nenhuma necessidade de possuir uma residência no Outro Lado.

No entanto, a maioria de nós acaba tendo uma casa no Lar, mesmo que quase nunca a visitemos, pela simples razão de que muitos espíritos ficam naturalmente acalmados e reconfortados num lugar que lhes pertence, num ambiente que representa o seu estilo de vida, suas preferências e gostos, um espaço de extrema familiaridade onde se sentem "em casa" assim que atravessam a porta.

O Outro Lado por si só nos oferece a mais aconchegante sensação de Lar. Entretanto, criar um lar dentro de um Lar é uma experiência que dá imenso prazer e reconforto à maioria das pessoas, tal como acontece na Terra.

A resposta mais imediata para a pergunta "Onde moramos no Outro Lado?" é: "Em qualquer lugar que quisermos." Isso é mesmo verdade, pois as casas são um perfeito reflexo dos desejos de seus moradores. Não tem nada a ver com o tipo de casa pela qual você pode pagar, já que o dinheiro não existe no Lar, assim como não existe nenhum conceito de *status* ou de falta dele. O importante é lembrar que quase todas as casas no Outro Lado são construídas através da projeção do pensamento.

Isso não significa que as casas sejam imaginárias. Na Terra, tudo o que é feito pelo ser humano começa como uma projeção do pensamento, mas envolve um processo posterior mais ou menos longo. No Outro Lado, somos capazes de pular direto do pensamento para a realidade sem toda a confusão que existe entre as duas etapas. Projetamos em pensamento o tipo de casa que queremos, onde a queremos, e lá está ela. As casas no Lar são tão reais quanto as daqui, porém muito melhores, pois com a projeção do pensamento podemos torná-las maiores ou menores, adicionar uma ala, abrir um teto, remover uma parede ou mover toda a casa para uma área diferente. Não se trata de mágica, mas do poder da mente, um conceito que nós aqui na Terra ainda estamos começando a compreender.

Porém, nem todas as casas no Outro Lado são resultado da projeção do pensamento. Muitos construtores, carpinteiros, arquitetos, pedreiros e paisagistas preferem construir casas e outras estruturas pelo método tradicional, apenas pelo prazer com que se dedicam a esse trabalho e pela oportunidade de expressar suas habilidades nesse ofício. Essas pessoas são estimuladas a fazer isso e nunca lhes faltam voluntários ansiosos por aprender uma nova arte.

As opções são tão ilimitadas quanto a nossa capacidade de sonhar com elas. Alguns residentes acabam criando no Outro Lado as casas com as quais sempre sonharam na Terra. Outros preferem recriar algo que os faça lembrar de uma casa que amaram numa de suas existências mais recentes. Fiquei muito emocionada com a conversa que tive com a mãe falecida de uma cliente um pouco antes da morte de seu marido. Ela estava preparando para o pai de minha cliente uma casa idêntica à que dividiram na Terra em seus felizes tempos de casados – uma surpresa com a qual planejava recebê-lo em sua volta ao Lar.

No próximo capítulo, discutiremos nossos relacionamentos e nossas escolhas de parceiros. No Lar as escolhas seguirão também o desejo de cada um. Na verdade, não existe o "inaceitável" no Outro Lado, pela simples razão de que, onde a presença de Deus se faz sentir no próprio ar que respiramos, não existem julgamentos, pecados, culpas, certo ou errado, mas somente a alegria de florescer no mais absoluto e infinito amor.

Também não existem metrópoles, bairros ou cidades no Outro Lado. As razões para isso são simples:

- Os deslocamentos entre um lugar e outro quase sempre são feitos usando o mesmo poder que constrói as casas – a projeção mental. Simplesmente "pensamos" em nós mesmos em algum lugar e lá estamos. O mais próximo que chegamos desse tipo de transporte aqui na Terra são as viagens astrais, aqueles passeios que nossos espíritos realizam saindo do corpo. Como já vimos, nós também temos um corpo no Outro Lado, mas há uma diferença: lá somos espíritos que possuem um corpo, ao passo que aqui somos planejados por Deus para sermos um corpo que possui um espírito para os desafios de aprendizado que optamos por enfrentar. Livres das limitações terrenas, nossos espíritos se elevam e florescem, e o pensamento se torna realidade segundo a nossa vontade.
- A segunda razão que justifica a ausência de cidades no Lar é que no Outro Lado não há comércio ou dinheiro e, portanto, não existe a necessidade de ganhá-lo. Isso quer dizer que não há lojas, centros comerciais, mercados e outras construções que em nosso planeta compõem uma cidade. Quando as casas

se juntam, é em forma de pequenas vilas, habitadas por poucas centenas de pessoas e extremamente encantadoras em sua infinita variedade de tamanhos, estilos arquitetônicos, paisagens e características.

Entretanto, por mais importantes que sejam as casas no Outro Lado, elas são apenas uma minúscula fração das estruturas que ponteiam a topografia de maneira tão extraordinária e que agem como alegres centros de uma atividade constante e animada. Num capítulo mais adiante, falaremos em detalhes sobre essas inúmeras atividades. Por enquanto, continuaremos a nos concentrar nesse "horizonte" pelo qual não podemos deixar de ansiar.

Expansão da mente

Entre as estruturas mais movimentadas, mais preciosas e enriquecedoras do Lar estão as amplas bibliotecas, escolas e centros de pesquisa. Estão por toda a parte e são tão vitais para a alegria que sentimos no Outro Lado quanto nossos amados amigos e nossos animais.

As bibliotecas são complementos do sagrado Palácio dos Arquivos e estão repletas de todas as palavras que já foram publicadas na Terra e das que estão sendo escritas no Outro Lado sobre todos os assuntos imagináveis e inimagináveis, que um dia serão infundidas nos escritores da Terra para o benefício da humanidade. Essas impressionantes coleções de trabalhos oferecem uma infinidade de recursos para literalmente tudo o que nos interessa, e não há um só instante em que cada biblioteca por todo o paraíso não esteja em plena efervescência.

Tão numerosos, constantemente habitados e arquitetonicamente diversos são os centros de pesquisa e as escolas onde, como veremos mais adiante, estudos e experimentos são desenvolvidos visando tanto ao bem da humanidade como ao nosso próprio esclarecimento, porque, graças a Deus, fomos todos criados com mentes infinitamente curiosas e que anseiam por estimulação. Uma das coisas que estamos aprendendo lentamente, infundidas pelo Lar, é que realizamos nossos melhores trabalhos e estudos quando nos encontramos em ambientes que combinam beleza e serenidade, onde ansiamos por estar e de onde relutamos em sair. Por mais simples que sejam as construções, não há cubículos, paredes sem janelas, bancos de madeira, chão frio de linóleo ou corredores sem ventilação. A exposição à magnificência da natureza é parte integral do desenho de cada sala de aula e de cada laboratório de pesquisas, e todos os confortos estão à disposição de qualquer aluno, professor e pesquisador. Todos acorrem para as escolas e centros de pesquisa por pura paixão. Eles estão entre os lugares do Lar que nos trazem maior alegria.

FÉRIAS

Não precisamos de férias no Outro Lado porque, como amamos tudo o que fazemos lá, não temos nenhuma vontade de nos afastar. As atividades extracurriculares e a vida social também nos trazem imensa alegria, e as instalações que as abrigam são outra parte importante e querida da paisagem do Outro Lado.

Salas de concerto e de palestras, sempre lotadas, oferecem seguidas apresentações dos mais brilhantes artistas e oradores que a humanidade já conheceu. De impressionante beleza e com uma acústica impecável, elas foram infundidas na mente daqueles que as recriaram na Terra. São o imponente Coliseu, em Roma, o Partenon, em Atenas, e todos os espaços onde se reflete visivelmente o divino dom da excelência.

Esportes são atividades muito celebradas no Outro Lado, envolvendo todos os que gostam de jogar ou apenas assistir. Pela paisagem do Outro Lado se multiplicam magníficos estádios de atletismo, campos de golfe, quadras de tênis, pistas de esqui, ondas perfeitas quebrando em praias de areias brancas. Ante esse esplendor, nossas áreas de entretenimento na Terra parecem extremamente modestas.

No Outro Lado, estamos sempre convivendo em pequenos ou grandes grupos onde a alegria é uma constante. Criamos continuamente oportunidades para festas, danças, piqueniques, festivais ou calmos passeios com aqueles que nos são mais próximos. Como todos os espaços de lazer estão permanentemente disponíveis, as opções são literalmente incontáveis.

Adoração

Talvez, como eu, você tenha se perguntado se ir à igreja faz sentido no Outro Lado, onde a presença de Deus está no ar que respiramos e a nossa adoração por Ele é uma constante motivação. Acabei descobrindo que não existe um único lugar no Outro Lado de onde não se possa avistar uma casa de adoração e que esses locais estão sempre repletos de multidões vibrantes de alegria. Maravilhosos templos, igrejas e sinagogas alternam-se com modestas capelas e altares de cada uma das religiões, que coexistem ali em paz e com profundo respeito mútuo.

Para nós aqui na Terra há uma lição a ser aprendida com o que se passa no Outro Lado: essas casas de oração também são grandes centros de aprendizagem, e os habitantes do Lar encontram grande prazer em conhecer as centenas de rituais, costumes e teologias que, apesar de diferentes, compartilham o mesmo objetivo – sentir e expressar sua adoração a Deus. Metodistas e budistas participam lado a lado, com alegria e consciência, dos serviços judaicos. Católicos e muçulmanos entoam hinos de louvor com monges xintoístas e seguidores das mais diversas seitas. Juntar-se e dar-se as mãos para glorificar a Deus é um ato natural e necessário, um alimento tão essencial à nossa sobrevivência quanto o batimento de nossos corações.

Respeitamos e abraçamos os rituais de todas as religiões, do mais modesto ao mais elaborado e formal, e reverenciamos o nosso próprio Messias e o de todas as outras pessoas por serem espíritos altamente desenvolvidos e encarnados de maneira divina. Damos sempre as boas-vindas e somos recebidos da mesma maneira onde quer que orações estejam acontecendo e vozes se levantando em hinos de louvor e agradecimento, pois, no Outro Lado, nossas almas têm uma sublime certeza da qual nos esquecemos com muita facilidade aqui na Terra:

Seja qual for o nome que Lhe dermos, estamos todos rezando para o mesmo Deus.

Agora que temos uma idéia de como é o Outro Lado, vamos começar a colocar na magnífica paisagem uma igualmente magnífica e variada população, pessoas de quem sentimos saudades desde o instante em que as deixamos até o momento de nossa volta ao Lar.

7

Os habitantes: Quem está esperando por nós no Outro Lado?

Antes de começar a pesquisar em profundidade a vida na atmosfera permeada de amor que reina no Outro Lado, eu tinha uma idéia absolutamente distorcida de como devia ser. Imaginava vagamente seres diáfanos e indistintos flutuando no espaço e não gostava da idéia. Por isso me senti muito aliviada e feliz quando comecei a tomar conhecimento de como é a realidade no Lar.

A verdade é que temos identidades bastante reais e distintas no Outro Lado, cada um com sua própria aparência, personalidade, interesses e preferências. Apesar de existir uma completa aceitação no Lar, há pessoas que nos atraem mais. Não desgostamos de ninguém, mas gostamos de umas pessoas mais do que de outras, sem aquele toque de maldade existente na Terra.

Acho necessário fazer aqui um parênteses para esclarecer uma coisa que talvez lhe cause confusão: de vez em quando eu uso pessoa ou pessoas para me referir à população do Outro Lado, em vez de seres, espíritos ou entidades. Faço isso apenas para dar ênfase ao fato de que jamais deixamos de ser nós mesmos, estejamos nesta ou naquela dimensão, e que em nenhum momento a morte significa que deixamos de existir. Somos sempre pessoas.

Rostos – Como é a nossa aparência no Lar

É absolutamente certo que possuímos um corpo no Outro Lado. Temos olhos que piscam, corações que bombeiam o sangue que corre em nossas veias e todos os órgãos. Uma vez perguntei a Francine qual a necessidade de mantermos nossos órgãos, já que funções como digestão e eliminação não existem mais. Ela respondeu: "Porque foi dessa maneira que Deus nos criou." Essa explicação me satisfez.

Também perguntei a ela sobre um outro fato – não importa com que idade morremos, todos temos trinta anos no Outro Lado. Por que trinta? "Porque sim" foi a resposta de Francine. Podemos imaginar várias razões para isso, mas ela não achou importante justificar.

Assim como acontece na Terra, também no Lar cada um de nós tem um rosto, uma aparência exterior única. As alturas são variadas, assim como os pesos, as nacionalidades, as cores de cabelo, olhos e pele. O mais fascinante é que podemos mudar de estilo de acordo com nosso próprio gosto, através do poderoso e fácil processo de projeção mental, sem jamais perder a identidade. É como se aqui na Terra fôssemos reconhecidos apesar da fantasia que estamos usando. Mudar estilos no Outro Lado pode incluir uma mudança de nacionalidade. Lembre-se, no Lar a aceitação é total, uma das razões pelas quais o chamamos de paraíso. Por isso, se houver alguma aparência da qual gostamos, podemos assumi-la sem qualquer preocupação.

Na presente existência, somos capazes de ter lembranças subconscientes dos semblantes que tínhamos no Outro Lado, o que às vezes provoca estranheza em relação à nossa aparência atual. E costumamos nos lembrar também da aparência que tivemos numa encarnação passada. Um exemplo entre milhares é Angelia, cujos belíssimos olhos cor de violeta são a primeira coisa que as pessoas notam ao vê-la. Ela costuma ficar triste ao olhar-se no espelho e comentar: "Toda vez que eu volto tenho a mesma cor de olhos, Bagdah. Por que não tenho olhos castanhos como os seus, só para variar?" Vários clientes meus, apesar de serem pessoas bastante atraentes, sentiam-se insatisfeitos e mesmo excessivamente incomodados com a própria aparência, de maneira quase obsessiva. Da mesma maneira, ajudei vários clientes que tinham a convicção de serem homens presos num corpo feminino ou vice-versa, e em cem por cento dos casos descobrimos juntos que eles ainda estavam se agarrando ao fato de terem sido homens ou mulheres na maioria das encarnações anteriores.

Se você se sente infeliz em relação à própria aparência, sexo, raça ou qualquer característica sua ou de alguém a quem você ama, não desanime. Não há nada errado, o que acontece é apenas uma memória espiritual subconsciente da aparência de uma vida passada no Outro Lado. Peça ajuda a Deus para libertar-se de todas as imagens passadas, enviando-as para a luz branca do Espírito Santo, e acolha aquela que você escolheu para esse breve período fora do Lar. Acredite nas palavras de alguém que sabe como você se sente: sua escolha em relação à aparência atual tem uma razão diferente daquela que levou você a optar por qualquer outra aparência anterior. Lembre-se de que é pela sua essência e não pela sua aparência que Deus e a sua profusão de amigos no Outro Lado conhecem e amam quem você é para todo o sempre.

Apesar de termos todos trinta anos no Outro Lado, é preciso nos reajustarmos quando queremos nos manifestar a um ente querido que deixamos na Terra. No Lar, nós nos reconhecemos mutuamente, qualquer que seja a nossa aparência, mas os seres humanos precisam de todas as pistas visuais quando se trata de descobrir quem os está visitando. Se morremos aos cinco ou aos noventa e cinco anos e aparecemos com a aparência de uma pessoa de trinta anos, teremos muito pouca chance de sermos reconhecidos. Por isso, ao retornamos em forma de espírito para visitar alguém, retomamos a mesma aparência física pela qual éramos conhecidos.

Por outro lado, já perdi a conta dos clientes que fizeram viagens astrais durante o sono, meditação ou hipnose, para passar algum tempo com um ente querido já falecido, e se viram conversando com um "estranho" de trinta anos que lhes pareceu familiar. Mais tarde, ao me descreverem essa experiência, diziam: "Não sei por quê, mas acho que aquele adulto era a criança que perdi", ou "Ela era jovem demais para ser minha avó, mas de algum modo, quando acordei, tive a sensação de ter estado com ela". Preste atenção a esses "estranhos", pois é bem provável que sejam exatamente as pessoas que você desejava rever.

Ainda que a capacidade de escolher nossa aparência seja quase livre no Outro Lado, existem algumas regras que jamais podem ser ignoradas.

Se abusamos de nossos corpos repetidamente durante uma encarnação – por um vício em alguma substância química, por alguma doença ligada à alimentação ou pelo uso excessivo de drogas para aumentar os músculos, por exemplo –, nossos corpos no Outro Lado ainda refletirão esse abuso, não como um castigo, mas como uma maneira de nos lembrar que precisamos aprender mais sobre a superação em vez de nos entregarmos à autodestruição. Apenas um entre centenas de exemplos é o de um cliente que, contra todas as recomendações de seu médico, insistia em fazer uso de anabolizantes como parte de um obsessivo programa de ajuste de peso. Essas drogas afetavam sua saúde, além de causar terríveis mudanças de humor, prejudicando seu relacionamento com a mulher e os filhos. Ele participou de uma das palestras de Francine – falando através de mim – e quis saber dela que aparência ele teria no Outro Lado. Conforme a gravação que ouvi mais tarde,

Francine começou a descrevê-lo no Lar como "extremamente magro, de aparência quase frágil, exatamente como você vai estar quando voltar para a Terra mais uma vez". Sem dúvida, a obsessão dele com a construção de um corpo musculoso, chegando ao ponto do abuso, era uma reação subconsciente à aparência física que tinha no Outro Lado, mas o fato de estar se entregando a essa obsessão nesta vida em vez de vencê-la significava que ele ainda teria várias lições para aprender sobre vaidade e amor-próprio. Estes são dois atributos completamente diferentes, pois o verdadeiro amor-próprio significa valorizar o que somos como filhos de Deus de tal maneira que jamais seremos capazes de ferir a nós mesmos e, se começarmos a fazê-lo, encontraremos força, coragem, ajuda e fé para colocar um ponto final nessa atitude.

Uma outra regra relacionada à aparência no Outro Lado é que quanto mais espiritualmente desenvolvidos nos tornamos, mais beleza física recebemos, como um distintivo por nosso árduo trabalho e progresso. Se você alguma vez já se perguntou por que valorizamos tanto a beleza física na Terra, a resposta é que no Lar ela é sinal de um espírito elevado. Perdoe-me por afirmar o óbvio, mas seria bom lembrar que a mesma regra não se aplica aqui e que pessoas de grande beleza nesta dimensão não estão necessariamente avançadas em seu progresso espiritual.

Sexo no Outro Lado

Imagino que agora consegui atrair a sua atenção...

No caso de você estar se perguntando, e provavelmente está, se temos ou não relações sexuais no Outro Lado, a resposta é não. Não temos a mesma versão terrena de sexo, mas nos engajamos numa outra forma de intimidade que excede em muito a intensidade do ato sexual. Trata-se do ato singularmente maravilhoso de experimentar um outro ser de maneira total. Esse ato não é chamado de sexo no Outro Lado e nem é considerado como tal, mas denomina-se "infusão". Infusão é o ato de duas almas se amalgamarem física, espiritual e emocionalmente, até um estado de completa satisfação mútua. Embora nenhum dos espíritos perca a sua identidade própria, no momento de infusão eles se tornam um, compartilhando toda a sabedoria, paixão, história, dor e alegria um do outro. A infusão é o conhecimento primordial, um lampejo de perfeita harmonia que nossos corpos finitos na Terra não conseguem atingir. E o sentido da infusão não implica exclusividade para os dois espíritos envolvidos. Ela não subentende um compromisso que vá além do amor e do respeito que temos para com todas as demais almas no Lar. Infundir-se é, simplesmente, um glorioso e inacreditável episódio de extraordinária aceitação e entrega recíprocas entre dois alegres espíritos no paraíso.

Quanto à classificação sexual que temos no Outro Lado, embora muitos de nós vivam várias encarnações que incluem diversas raças, ambos os sexos e variados nomes, no Lar todos retemos o mesmo sexo e o mesmo nome que recebemos quando fomos criados, o que faz bastante sentido. Eu, por exemplo, teria cinqüenta e quatro nomes e identidades completamente diferentes no Outro Lado após as minhas cinqüenta e quatro reencarnações, mas a verdade é que eu apenas escolhi todas aquelas identidades temporárias para ajudar-me a cumprir meus objetivos específicos aqui na Terra.

Eu fui homem em várias encarnações e se esta não fosse minha última existência – por opção minha – não duvido que escolheria voltar como homem outra vez. Minha atual identidade como mulher não tem nada a ver com o fato de que a identidade eterna que me foi dada por Deus seja feminina.

É preciso enfatizar que a identidade que você tem no Lar não vai lhe parecer familiar. Há uma razão importante para isso, que à primeira vista parece um tanto frustrante. De um lado, se pudéssemos ter fácil acesso às lembranças de nossa vida no Outro Lado durante nossas breves passagens na Terra, não há dúvida de que essa perspectiva nos faria mais felizes, mais esperançosos e mais tranqüilos enquanto vivemos aqui. Por outro lado, embora nossa conexão com o Outro Lado esteja sempre viva e seja essencial em cada encarnação que optamos por empreender, precisamos ficar separados do Lar no nível consciente durante o tempo que passamos na Terra. Se não fosse assim, provavelmente estaríamos esperando ansiosamente o momento de voltar ao Lar de onde saímos e viveríamos menos plenamente essa existência. Como já disse, encarnamos com o objetivo de aprender, crescer, lidar com os desafios específicos que escolhemos para nós mesmos e superá-los. É preciso entregar-se a esta tarefa.

Sempre é bom lembrar que nunca devemos subestimar a clareza de nossa memória espiritual e o poder da alma quando a mente consciente cede lugar, permitindo que o subconsciente tome as rédeas. Há pouco tempo, uma cliente chamada Sandy contou-me sobre um sonho que vinha se repetindo com freqüência nos últimos meses. As locações variavam. Ora era um imenso salão de mármore branco com uma mesa de mármore em forma de U no centro, ora uma sala menor repleta de mapas e gráficos, ora o esplendor de um jardim infinito de indescritível beleza. Onde quer que estivesse nesse sonho, ela parecia ser reconhecida como alguém cujo nome era Diana. A clareza e a intensidade do sonho e principalmente o nome Diana deixaram Sandy perturbada. Ela estava determinada a descobrir por que aquele nome e aqueles lugares eram significativos o bastante para ficarem se repetindo em seu subconsciente. Seriam memórias de vidas passadas? Vislumbres de algo importante que estava para acontecer ou de uma pessoa que iria encontrar? Seria Diana a sua Guia Espiritual ou algum outro espírito tentando contatá-la?

É claro que, na verdade, Sandy não estava tendo um sonho que se repetia. Estava fazendo viagens astrais para o Lar durante o sono, visitando o Palácio da Justiça, lembrando-se com detalhes de seu imenso saguão de mármore, das salas de Orientação e dos jardins, divertindo-se em breves reuniões com todos os amigos do Outro Lado para os quais seu espírito sempre será conhecido como Diana.

Sandy não foi a primeira nem a última cliente que me relatou um caso de suposto erro de identidade nos "sonhos". Se isso acontecer, anote depressa o nome pelo qual as pessoas chamam você em seus "sonhos" e peça ajuda a Deus e ao seu Guia Espiritual para lembrar-se de qualquer repetição daquele nome enquanto estiver dormindo. É muito provável que seja o seu espírito fazendo um rápido passeio astral ao Outro Lado para reconectar-se com a identidade eterna que lhe foi outorgada por Deus.

Evitando a barreira da língua

A população do Outro Lado vem de cada canto do globo terrestre e de cada cultura onde um idioma diferente é falado. E entretanto, como somos filhos do mesmo Pai, como crescemos no mesmo Lar, todos se comunicam perfeitamente.

Nossas lembranças de cada uma de nossas vidas passadas também retornam, assim como a fluência na língua de cada uma daquelas encarnações anteriores e das que estudamos na Terra e no Lar. Nosso conhecimento é tão vasto no Outro Lado quanto nossa vontade de aprender, fazendo com que sejamos capazes de falar com perfeição qualquer dialeto que desperte o nosso interesse.

Também fazemos uso freqüente de nosso dom de nos comunicarmos por telepatia, a poderosa transferência de pensamentos, informação e sabedoria de uma mente para a outra.

O aspecto mais valioso da comunicação no Outro Lado, seja falada ou por telepatia, é a sua total e completa clareza. Expressamos exatamente o que pretendemos dizer. Outro ponto de igual importância é que ouvimos com amor, confiança e compaixão incondicionais. Não existem mal-entendidos, intenções ocultas, meias verdades ou qualquer desconfiança.

Ter trinta anos de idade e entender-se totalmente com todas as pessoas não é uma perspectiva maravilhosa?

Nossas personalidades do Outro Lado

Imagine-se em seu melhor momento, feliz, em paz, em pleno amor, livre da dominação do ego, dos ressentimentos e agressões, no auge de suas qualidades mais positivas e sem nenhuma das negativas. Então, multiplique esse momento pela eternidade e esse sentimento pelo infinito e terá uma idéia de como você é no Outro Lado.

Não importa quantas vezes encarnamos, quantas experiências vivemos e o quanto progredimos espiritualmente, nunca deixamos de ser nós mesmos, essa combinação única das características que nos foram dadas e que nos fazem tão diferentes uns dos outros. Esperar que haja uma mudança completa de personalidade no caminho entre a Terra e o Outro Lado é o mesmo que pegar um avião em Los Angeles sendo uma determinada pessoa e desembarcar no Havaí sendo alguém totalmente diferente. Isso não acontece e nem queremos que aconteça. Nossa personalidade é parte de nossa essência, parte de quem somos e parte daquilo que nos permite reconhecer uns aos outros no Lar e entre duas existências vividas na Terra.

Pense nas pessoas que fazem parte de sua vida, uma por uma. Mesmo que você duvide da reencarnação, faça um simples exercício e pergunte-se: "Se existir mesmo essa história de vidas passadas, eu já conheci essa pessoa antes?" Aceite a primeira resposta que lhe vier à mente, seja ela sim ou não. Se for sim, pense se houve um sentimento instantâneo de familiaridade quando encontrou aquela pessoa, como se já a conhecesse há muito tempo.

É esse reconhecimento de características singulares que nos mantém eternamente conectados com o Outro Lado de maneira tão amorosa, com a vantagem adicional de que lá nós temos lembranças completas de todos os momentos que vivemos na Terra e no Lar. Isso nos torna capazes de saber exatamente quem conhecemos e em que circunstâncias isso se deu.

Há pouco tempo fiz uma leitura mediúnica que pode ilustrar muito bem o fato de permanecermos fundamentalmente os mesmos. Um rapaz de pouco menos de trinta anos veio me procurar na esperança de que eu pudesse colocá-lo em contato com a esposa, Melanie, que havia morrido algumas semanas antes num terrível acidente de automóvel, deixando-o sozinho com os dois filhos do casal. Assim que ele entrou em minha sala, uma mulher do Outro Lado começou a falar sem parar no meu ouvido, e tudo o que eu podia fazer para não perder o fio da meada era repetir o que ela ia dizendo. O teor daquele monólogo fez com que ele reconhecesse logo que não era Melanie e sim a sua falecida sogra. Ele ficou decepcionado e eu, para falar e verdade, também fiquei. Sou grata a qualquer espírito que seja cooperativo o bastante para se manifestar, mas sabia o quanto um ou dois minutos com Melanie o ajudariam a atravessar aquele período de dor. Finalmente, quando ele ia saindo, surgiu uma voz mais doce, mais serena, com pequenas mensagens que não significavam nada para mim, mas que tinham um sentido imenso para ele. Segundo o rapaz, aquelas palavras só poderiam ter vindo de Melanie. Quando a sessão terminou, ele não só se sentia mais tranqüilo como, pela primeira vez após a morte da esposa, deu uma boa risada quando percebeu que tivera uma experiência inequívoca com ambas as mulheres. Sua sogra era uma pessoa que não dava chance para ninguém mais falar, e Melanie passara toda a vida esperando pacientemente por um momento oportuno para emitir alguma opinião. Eram mesmo as duas mulheres com quem eu acabara de me encontrar e eu ri com ele. O talentoso compositor Paul Simon escreveu um dia: "Depois de uma série de mudanças, todos nós somos mais ou menos iguais."

Essa é uma descrição perfeita de nossas personalidades durante a eterna jornada de nossas almas.

Se formos dotados de senso de humor na Terra, nós o teremos no Outro Lado. Se somos sisudos, sociáveis, tímidos, teimosos, calados, gregários, bem-humorados ou vigorosos aqui, manteremos as mesmas características lá, plenamente desenvolvidas, direcionadas da maneira mais positiva, prontas a se repetirem nas encarnações seguintes. Após milhares de leituras mediúnicas, posso garantir que os espíritos se identificam não pelo que dizem ao cliente, mas pela maneira com que se relacionam com ele. Assim, é comum eu ouvir dos clientes após as sessões: "Esse era mesmo o meu pai – franco e direto como sempre", ou "Só mesmo Gina para fazer piadas na hora em que estou tentando falar a sério".

Como vimos, nossa essência é uma dádiva de Deus, eterna e singular, que só pertence a nós e que nos ajuda a responder a pergunta do próximo capítulo, que as pessoas sempre me fazem, sem me causar qualquer surpresa.

Por que nem sempre aparecemos quando um ente querido nos chama?

Este é um ponto bastante confuso, sobretudo se pensarmos que os espíritos no Outro Lado têm o poder da dupla localização, ou seja, são capazes de estar em dois lugares ao mesmo tempo. Então, por que quando um ente querido está suplicando para que apareçam ou pelo menos se comuniquem, nem sempre podem atendê-lo?

Uma das razões é a natureza humana básica que carregamos conosco de uma dimensão para a outra. Em qualquer grupo de pessoas, seja aqui ou no Outro Lado, existem líderes e seguidores, oradores e ouvintes, extrovertidos e introvertidos. Esses papéis podem até mudar de tempos em tempos, da mesma maneira como todos nós temos dias na Terra em que, por exemplo, atendemos o telefone com alegria e dias em que deixamos a secretária eletrônica ligada ou até ignoramos as chamadas, independente da pessoa que possa estar telefonando. Não há motivos para supor que perdemos nossa necessidade ocasional de isolamento quando estamos no Outro Lado, se essa era parte de nossa natureza aqui na Terra. E como na história da mãe de Melanie dominando a conversa do Outro Lado, reproduzindo o que fazia aqui, é comum que os espíritos mais fortes ou mais dominadores de um grupo tomem a iniciativa quando há comunicação com a dimensão terrena.

Além disso, como já vimos, podemos atravessar vários processos diferentes quando fazemos nossa transição para o Outro Lado. Alguns deles levam um longo tempo pelos parâmetros da Terra, e só podemos assumir nossos poderes como espíritos – o que inclui a dupla localização – quando a nossa transição está completa. Além do mais, não podemos usar esse poder quando somos espíritos terrenos ou, obviamente, se já estivermos no útero a caminho de uma nova existência sobre a Terra. Ficam, portanto, cada vez mais claros os motivos que impedem que nossos entes queridos venham correndo todas as vezes que os chamamos.

Um outro fato do mundo espiritual é que algumas circunstâncias requerem dos espíritos um estado de essência total, ou uma presença completa, deixando-os temporariamente incapazes de exercer a dupla localização. Por exemplo, quando sirvo de canal para que Francine fale através de mim, ela precisa estar em sua essência total enquanto durar o transe. Se, ao voltar para o Lar, assumimos a responsabilidade de sermos Guias Espirituais, muitas vezes precisaremos estar em nossa essência total e teremos tão pouco tempo para nos comunicarmos com nossos entes queridos quanto Francine tem para comunicar-se com os dela.

Também exercemos um pouco de seletividade no Outro Lado em relação às chamadas da Terra que iremos responder. Quando preciso de Francine para algo urgente, ela sempre me atende. Mas se eu quiser lhe pedir a previsão do tempo amanhã, ou onde coloquei as chaves do carro, ela só virá quando lhe for conveniente. Como veremos no próximo capítulo, ela poderia muito bem estar ocupada no Lar com uma série de projetos que têm prioridade sobre um assunto momentâneo sem importância.

Anna, uma cliente da Flórida, passou por uma experiência muito interessante duas semanas após a morte do pai. Ela iniciou a sua história com um apelo que ouvi inúmeras vezes e que compreendo muito bem: "Por favor, não pense que estou louca."

Anna acordou de um sono profundo e encontrou o falecido pai ao pé de sua cama. Sentiu-se ao mesmo tempo aterrorizada e fascinada e, como nunca acreditara em fenômenos paranormais, logo tentou ignorá-lo, considerando-o uma alucinação resultante da dor da perda, até o momento em que ele começou a falar com ela.

– Desculpe-me por ter levado tanto tempo para vir até você, segundo a sua contagem de tempo, mas tenho estado muito ocupado me orientando e reassumindo minhas atividades normais.

Quando conseguiu controlar a própria voz, Anna perguntou:

– Suas atividades normais?

O pai sorriu:

– Sou um professor aqui.

Ela ainda não conseguia acreditar no que estava vendo e ouvindo, mas começou a se lembrar com carinho da vida longa e feliz do pai, um construtor que tinha grande orgulho dos inúmeros rapazes a quem ensinara e treinara, ajudando-os a dar os primeiros passos em suas próprias carreiras. Na verdade, a generosidade com a qual ele sempre compartilhara seu conhecimento a havia inspirado a tornar-se professora.

O pai prosseguiu, as palavras precipitando-se de sua boca:

– Só queria que você soubesse que não precisa se preocupar comigo. Estou bem. Tudo é tão diferente aqui. É fascinante. Só posso ficar durante o que você chama de alguns minutos, mas onde eu estou não existe essa coisa chamada tempo. E o espaço não é como na Terra. Um continente aqui pode acomodar com conforto a população de todos os continentes daí juntos. Embora para você vá parecer um período longo, para mim vai parecer apenas breves momentos até que nos encontremos novamente neste lugar tão lindo.

– Eu vou reconhecer você quando o encontrar? – perguntou Anna.

– Vou ter a mesma aparência que tenho agora, embora mais novo. Sim, você sempre vai me reconhecer e eu sempre vou reconhecer você.

E então, de repente, ele partiu em silêncio, deixando Anna envolvida em sentimentos de consolo, surpresa e confusão. Era fácil perceber o quanto ela estava perplexa quando terminou de descrever essa experiência.

– Não entendo nada do que aconteceu, Sylvia. O que ele quis dizer com "sou um professor"? O que quis dizer com "não existe essa coisa chamada tempo" no lugar onde ele está e que o conceito de espaço é diferente? O que quis dizer com "vou parecer mais novo" quando nos reencontrarmos? Por favor, só não me diga que imaginei tudo isso ou que sonhei, porque essa é a única coisa em que não posso acreditar.

Contei-lhe o quanto eu desejaria apagar do dicionário a palavra "imaginação", assegurei-lhe que não era sonho e revi, ponto por ponto, o que o pai dela havia dito e o que isso significava. O que me deixou feliz durante toda a sessão foi o mesmo que sempre me alegra no meu quase meio século de leituras mediúnicas, regressões e pesquisas. Como tantos outros clientes, Anna jamais lera uma única palavra, minha ou de quem quer que fosse, sobre os detalhes da vida no Outro Lado e, assim, não tinha idéias preconcebidas e muito menos conhecimento consciente a respeito da ausência do tempo, do espaço e dos trinta anos de toda a população do Lar.

Como é possível eu não acreditar depois de ouvir milhares de relatos idênticos sobre o Outro Lado, vindos de pessoas objetivas e comuns que nunca estudaram o assunto e que, com certeza, não se conheciam e não poderiam ter trocado anotações?

No mundo espiritual, sempre possuímos o poder da dupla localização. O problema é que, sob certas circunstâncias, temporariamente não o temos ou não o queremos. Podemos achar isso frustrante quando estamos na Terra, mas quando nos encontramos no Outro Lado, envolvidos numa eternidade de trabalhos e estudos estimulantes e excitantes, convivendo com amigos a quem amamos, eu lhe asseguro que vamos gostar de saber que podemos escolher quando usar o poder da dupla localização a pedido de nossos entes queridos e quando dizer "Eu te amo, mas agora não dá".

Casamento e famílias

Devo confessar que os problemas familiares e os casamentos que tive fazem com que eu me alegre ao anunciar que não existe casamento no Outro Lado e nem famílias, no sentido terreno da palavra. E quando você pensar bem nisso, acho que também não vai se sentir infeliz diante dessa perspectiva.

Na Terra, definimos família como aquele grupo de pessoas com quem compartilhamos uma linhagem comum. No Outro Lado, reconhecemos que todos compartilhamos uma mesma linhagem com Deus, o que faz de nós uma única "família". Isso nos dá um senso de responsabilidade uns para com os outros, mas também liberdade de formar nossos próprios grupos de companheiros íntimos com base em preferências, interesses mútuos e ligações em vidas passadas, sem a carga da obrigação genética, responsável por tanto ressentimento e por uma intimidade forçada aqui na Terra.

Nosso reconhecimento dos membros de nossas famílias terrenas quando estamos no Outro Lado depende da profundidade espiritual dos relacionamentos que tivemos na Terra. Se você analisar sua família atual com a mente bem aberta, aposto que sua alma vai lhe dizer quem você já conhecia antes e quem foi e sempre será apenas um conhecido. Por exemplo, eu e meu pai recomeçaremos direto onde paramos quando nos reunirmos no Lar como espíritos que optaram por passar muitas existências juntos e que se amam profundamente. Entretanto, eu e minha irmã vamos nos reconhecer no Outro Lado apenas como antigas colegas que freqüentaram a mesma escola e dividiram algumas experiências, mas que não se sentem compelidas a estabelecer vínculos de amizade. Não temos qualquer animosidade, mas não nos sentimos atraídas uma pela outra e vamos estar perfeitamente bem seguindo por caminhos separados.

Vale a pena acrescentar que, ao contrário do que acontece na Terra, nossos grupos de amigos íntimos no Lar não serão definidos pela geografia. Como podemos viajar através da projeção do pensamento, visitar uma pessoa no outro lado do mundo é o mesmo que visitar o vizinho do lado. Não existe nada parecido com sentir saudades de alguém a quem amamos ou com o arrefecimento de um relacionamento devido à distância. Não importa onde você more, todos no Outro Lado estão a um pensamento de distância.

O casamento tradicional não existe no Outro Lado, já que não há necessidade de formar famílias nos moldes das que conhecemos. Se você não gosta dessa idéia, talvez deva levar um ponto em consideração: no Outro Lado passamos a eternidade cercados de entes queridos que amamos nesta existência e em cada uma de nossas vidas passadas, além de incontáveis entes queridos com os quais nunca chegamos a reencarnar. Nossos Guias Espirituais de cada uma de nossas encarnações estão lá e, com toda certeza, nossa alma gêmea, além de espíritos com quem ainda iremos nos encontrar e nos tornar amigos no curso de nossas movimentadas vidas na Terra. Nós amamos e somos amados de maneira constante e incondicional por cada um desses espíritos, sem competição, sem medo de rejeição ou abandono, e sem a necessidade insegura da exclusividade. Se existe toda essa maravilhosa liberdade emocional, por que iríamos querer restringir a maior parte de nosso amor e comprometimento a uma única pessoa?

Guias Espirituais

Exceto pelas entidades negras que atravessam a Porta Esquerda quando morrem e voltam imediatamente para o útero, cada um de nós na Terra tem um Guia Espiritual, um melhor amigo do Lar que cuida de nós e nos aconselha, estejamos ou não conscientes disso. E não apenas temos um Guia Espiritual, mas a maioria de nós, no decorrer da jornada de nossas almas, também irá se tornar um deles. É uma responsabilidade muitas vezes dolorosa, sem reconhecimentos, mas ser chamado para assumi-la é a maior das honrarias.

O relacionamento com nosso Guia Espiritual começa no Outro Lado com uma amizade que cresce aos poucos. Na verdade, demorei muito a me sentir bem com Francine quando nós duas começamos a nos conhecer no Lar. Aos poucos fui descobrindo que suas características fariam dela a Guia Espiritual perfeita na minha nova encarnação. Ela iria manter-se calma na existência repleta de crises que eu havia planejado para mim, amenizaria meus dramas com sua sensatez e senso prático, e eu poderia contar com ela para ser firme, direta e honesta em nossas conversas, mesmo que eu discutisse com ela, o que acabou acontecendo bastante. Em outras palavras, como todo Guia Espiritual eficaz, ela tem predicados que complementam os meus com perfeição.

O relacionamento com o Guia Espiritual começa antes do nascimento. Todos os Guias Espirituais já passaram por pelo menos uma encarnação na Terra e por isso são capazes de compreender a complexidade de sentimentos que experimentamos neste mundo. A única vida de Francine na Terra começou em 1500, num pequeno vilarejo no norte da Colômbia. Quando jovem, Francine almejava tornar-se professora, mas aos dezoito anos ela se casou e menos de um ano depois deu à luz uma menina. Ela passava os dias com sua filha pequena, vendendo os trabalhos do marido num imenso e colorido mercado a céu aberto, próximo ao poderoso estado de Hunayana Capac. Numa manhã bem cedo apareceu um mensageiro de uma das vilas vizinhas anunciando a aproximação de um exército de espanhóis que acabariam por selar o destino de Francine – menos de uma semana depois ela foi morta pela lança de um conquistador, quando fez de seu corpo um escudo para salvar a vida da filha. De volta ao Lar, ela dirigiu-se a Deus, dizendo que desejava ser útil e prosseguir com seu crescimento espiritual, mas implorando que fosse poupada de outra encarnação naquele lugar terrível e doloroso chamado Terra. Deus atendeu seu pedido e ela começou imediatamente um treinamento para uma tarefa desafiadora: ser uma Guia Espiritual. Francine é um excelente exemplo do fato de que todos nós podemos escolher se queremos experimentar outra existência e de que Deus nos oferece inúmeras opções sobre o que aprender e como fazê-lo.

Uma das perguntas que mais me fazem é: "Se tenho um Guia Espiritual, por que ele me deixa cometer tantos erros e permite que tantas coisas ruins aconteçam comigo?" Parte da resposta veio de Francine há muitos anos, quando reclamei sobre isso durante um período muito difícil em minha vida. Ela me perguntou: "O que você aprendeu com os tempos em que tudo corria na mais perfeita ordem?" Francine me fez lembrar que, se estivéssemos procurando uma tranqüilidade perfeita, não estaríamos aqui, teríamos permanecido na bem-aventurança divina do Outro Lado. Antes de vir para a Terra elaboramos um planejamento muito detalhado – nosso contrato com Deus –, baseado nos objetivos que esperávamos alcançar, e incluímos alguns obstáculos extremamente difíceis de vencer na busca desses objetivos. O compromisso de nosso Guia

Espiritual é ajudar-nos a cumprir nosso contrato com Deus, e não a quebrá-lo.

Outra explicação para o fato de nosso Guia Espiritual não intervir com mais freqüência é que algumas vezes nós simplesmente não o ouvimos. Você deve achar que eu não cometo esse erro depois de sessenta e três anos ouvindo Francine e descobrindo que ela invariavelmente está certa. Mas não, eu ainda discuto com ela, ainda chego a me considerar mais esperta e, vez por outra, insisto em desafiá-la, porque detesto que me digam o que fazer. Mais cedo ou mais tarde, tenho sempre que ouvi-la comentar "Eu bem que avisei" e admitir que, sim, ela me avisou mesmo.

Se o seu Guia Espiritual não se faz ouvir tanto quanto Francine, por favor não presuma que você não tem um ou que ele não está lhe enviando mensagens freqüentes. Algumas vezes nossos guias nos falam através da infusão de um pensamento, uma informação transmitida diretamente da mente deles para a nossa, gerando aquelas percepções súbitas que todos nós temos sem saber de onde vieram. Os Guias Espirituais também falam alto e com clareza usando formas que tentamos explicar com termos como "instinto", "premonição", "coincidência", "sonhos" ou "algo me diz que...". Tente substituir essas palavras por "guia espiritual" e duvido que você volte a reclamar que o seu não está lhe enviando sinais suficientes.

Francine seria a primeira a me lembrar que guias espirituais não são perfeitos nem oniscientes. Só Deus merece esses adjetivos. Guias espirituais não podem ler a nossa mente e não podem penetrar o "domo de privacidade" que protege a sagrada intimidade de cada palavra que proferimos quando oramos e falamos diretamente com Deus. Só aprendi essa lição aos trinta e poucos anos, quando meu filho Paul foi levado às pressas para o hospital com uma infecção que poderia matá-lo. Passei vinte e quatro horas soluçando sozinha na sala de espera, doente de preocupação, rezando sem parar e implorando pela ajuda de Francine, que parecia não chegar nunca. Quando, finalmente, Paul ficou fora de perigo e voltou para casa são e salvo, reclamei com Francine por ter me abandonado quando eu tinha tanto medo de perder meu filho. Sua resposta foi: "Então era com isso que você estava tão preocupada? Eu sentia que havia algo errado, mas, como você sabe, não posso ler sua mente." Só que naquela época eu não sabia. Ela então me informou que nem mesmo nossos guias espirituais podem ouvir as nossas preces. Por isso, acredite em alguém que aprendeu da maneira mais árdua, como aliás pareço aprender tudo: quando precisar de ajuda, conselhos ou orientação de seu Guia Espiritual, faça seu pedido de maneira bem clara e específica.

Como muitas vezes acontece, essa experiência mostrou-se útil para um cliente chamado James, que, fora de si, chamou-me de um hospital alguns dias depois. Sua filha de quatro anos havia quebrado o braço e o médico pretendia colocar pinos para prendê-lo. Meu cliente não costumava questionar aquele médico, mas tinha um terrível sentimento de que seria um erro, de que os pinos causariam uma perigosa infecção óssea. Eu e James havíamos tido várias conversas sobre a sua Guia Espiritual, Leah, com quem ele conversava freqüentemente e em cujos conselhos confiava, e ele me disse como estava decepcionado por ela não ter lhe dado nenhuma orientação sobre o que fazer. Raramente permito que Francine assuma o comando durante uma sessão, mas a urgência da situação parecia exigir isso. Através de mim, ela repetiu o que já me havia dito, insistindo que ele comunicasse a Leah de maneira bem clara o que estava acontecendo e o que queria que ela fizesse. E acrescentou algo: se quisermos, podemos dar ao nosso Guia Espiritual total acesso aos nossos pensamentos e preces, seja no decorrer de algum incidente específico ou permanentemente, durante toda a existência. (Assim que soube disso permiti que Francine tivesse acesso permanente e completo aos meus e recomendo que você faça o mesmo, mas somente se ficar à vontade abrindo mão do direito ao seu "domo de privacidade".) James voltou a me telefonar alguns dias depois dizendo que assim que explicou para Leah o que o estava deixando tão apreensivo ela lhe garantiu que os pinos não trariam problemas, e ele permitiu que os médicos os colocassem. Sua filha estava bem e não havia nenhum sinal da infecção óssea que ele tanto temera.

Vamos discutir mais funções dos guias espirituais em outras partes deste livro, mas por enquanto é importante lembrar que não apenas convivemos e trabalhamos com eles do Outro Lado, mas também podemos nos tornar guias espirituais.

Também vivemos no Outro Lado em meio a outras entidades cuja pureza e beleza são tão transcendentes que, embora as vejamos constantemente, nosso respeito e admiração por elas nunca diminui.

Anjos

Os Anjos são uma espécie separada. Foram criados por Deus para serem nossos mensageiros e protetores.

Ao contrário de nós, os Anjos nunca encarnam. Exceto por breves aparições na Terra em nosso benefício, eles são habitantes exclusivos do Outro Lado.

Os Anjos também não têm gênero. Seus corpos e feições são idênticos e de extraordinária beleza. A cor da pele e dos cabelos varia para abranger a imagem de cada raça, mas todos os que os vêem, seja na Terra ou no Lar, dizem que eles parecem reluzir ou cintilar, suas essências sempre iluminadas pela luz brilhante do Criador.

Os Anjos nunca falam, nem mesmo entre si. Sua comunicação é exclusivamente telepática, sem a emissão de um único som, exceto quando estão cantando seus grandiosos hinos de louvor e de glória a Deus no Palácio das Vozes.

Embora andem em meio aos habitantes do Outro Lado, os Anjos não convivem com eles, não trabalham, pesquisam, estudam ou participam da vida gregária e integrada que levamos no Lar. Eles se mantêm silenciosos, exalando seu poderoso amor.

Nós jamais seremos Anjos e eles jamais encarnarão, tornando-se humanos. A razão é simples: assim como acontece na Terra, no Outro Lado nós também não passamos de uma espécie a outra. É importante compreender, porém, que isso não significa que Deus ama ou valoriza os Anjos mais do que a nós, ou que os Anjos sejam "melhores". Não existe nada que seja "melhor" em nenhuma parte da criação da Deus. Somos todos Seus filhos, somos todos igualmente amados pelo nosso Criador. Sempre fomos e sempre seremos.

Existem níveis dentro da mesma população de Anjos, dependendo da amplitude de sua experiência. Quanto mais ampla, mais alto é o nível, e quanto mais alto é o nível, mais poderoso é o Anjo. Os Anjos são promovidos de um nível ao outro através do trabalho e dos milagres que realizam em nome de Deus. Seja nos protegendo do mal, salvando vidas ou apenas trazendo mensagens de júbilo, esperança, conforto e amor, os Anjos constituem verdadeiramente o elo mais poderoso e direto entre nossa dimensão terrena e o Outro Lado, a maneira física que Deus encontrou para nos carregar em Seus ombros em tempos de medo, dor e tristeza, até que estejamos fortes e equilibrados o bastante para caminhar ao Seu lado outra vez.

Acho que um dos aspectos mais interessantes da vida é que, quanto mais sei, mais tenho consciência do que existe para saber. O dia em que eu parar de aprender será o dia em que decretarei a minha morte cerebral. Quando escrevi meu livro anterior, *O Outro Lado da Vida,* eu pensava que havia cinco níveis de Anjos. Também acreditava que havia algumas tarefas específicas que foram designadas para cada um daqueles níveis.

Desde então, aprendi através de exaustivos estudos e conversas longas e específicas com Francine que existem oito níveis de Anjos. Todos os oito desempenham as funções de mensageiros de Deus e de protetores e realizam milagres para nós na Terra.

Em ordem crescente de poder, não de importância, do menos ao mais experiente e poderoso, os oito níveis são: Anjos, Arcanjos, Querubins, Serafins, Virtuosos, Soberanos, Tronos e Principados.

Os sete primeiros níveis de Anjos estão sempre prontos e ao nosso alcance num piscar de olhos, enviados por Deus ou tomando sozinhos a iniciativa de intervir em nosso nome numa crise física ou emocional. O oitavo nível, os poderosos Principados, cujo poder é indescritível, só vêm quando nós os chamamos especificamente. Ao comando de Deus e diante de uma sincera persistência de nossa parte, os Principados podem produzir milagres e evitar fatalidades, mesmo que isso signifique alterar um mapa de planejamento. Veremos mais sobre isso num outro capítulo.

Santos

Não desejo desrespeitar ninguém com o que vou afirmar: a santidade é muito mais importante para nós aqui na Terra do que no Outro Lado, onde não existe o conceito de "melhor" ou "mais valioso" aos olhos de Deus. Não estou querendo dizer que aqueles que foram declarados santos não sejam espíritos altamente desenvolvidos ou que não mereçam nosso mais profundo respeito. Entretanto, acredito que, ante o amor eterno, universal e inequívoco de Deus, não faz sentido dividir a humanidade de acordo com quem é santo e quem não é.

O processo "oficial" de elevar uma pessoa à categoria de santo na Terra exige comitês, nomeações e votos. Infelizmente, a palavra comitê neste mundo significa que existem egos e interesses pessoais envolvidos, sem garantir que todos aqueles que participam do processo sejam bem-intencionados, o que retira Deus da equação. E é preciso que o candidato tenha realizado três milagres. Quem investiga e julga o que é um "milagre"? Mais comitês. O que apenas acrescenta mais interferências de egos e interesses pessoais. Será possível acreditar que Deus está esperando ansiosamente para ouvir de um daqueles comitês a sua decisão sobre o que é ou não milagre, ou quem é santo e quem perdeu a vez?

Além disso, existem cerca de seis bilhões de indivíduos na Terra. Pode me chamar de cética, mas deve haver nesse mundo pessoas extraordinárias, generosas e dedicadas que realizam milagres todos os dias em silêncio, excedendo todas as qualificações necessárias à santidade, sem fazer alarde, sem a atenção da mídia, pessoas sobre as quais o comitê jamais ouviu falar. Garanto que você conhece algumas. Posso garantir que no Outro Lado elas são tão reconhecidas, respeitadas e valorizadas quanto aquelas que possuem um certificado provando que foram "oficialmente" beatificadas.

Existem incontáveis níveis de desenvolvimento espiritual ao alcance de qualquer um de nós. Podemos persegui-los seguindo um ritmo próprio, de acordo com nossos objetivos pessoais, e temos toda a eternidade para alcançá-los. Na verdade, andamos ombro a ombro com os santos no Outro Lado. Nós aprendemos com eles e os admiramos da mesma maneira que admiramos todas as almas desenvolvidas. Mas sugerir que qualquer nível, inclusive a santidade, tenha mais valor aos olhos de Deus é o mesmo que sugerir que Deus ama mais os universitários do que as crianças do jardim-de-infância. Não acredito nisso nem por um segundo. E você?

O Conselho

O Conselho, constituído por Anciãos ou Mestres Professores, é um grupo de dezoito entidades masculinas e femininas altamente desenvolvidas, que agem essencialmente como porta-vozes de Deus no Outro Lado. Elas constituem uma exceção à regra de que todos no Lar têm trinta anos. Como símbolo de sua respeitada sabedoria e santidade, sua aparência é venerável, seus cabelos são longos e brancos emoldurando rostos de extraordinária beleza, sem rugas, porém maduros. Tanto os homens quanto as mulheres vestem túnicas largas e graciosas, e, tal como os Anjos, os distintos membros do Conselho nunca encarnam.

Os membros do Conselho se reúnem num amplo salão de mármore branco no Palácio da Justiça, sentados ao redor de uma mesa em forma de U. Uma legião de Principados mantém-se de pé atrás dos membros, guardando-os com orgulho, dando um testemunho silencioso da enorme importância dos Anciãos. Não se trata de um grupo que governa, pois governo e leis são desnecessários no Outro Lado. Mas como sua sabedoria é tão grande e tão infinita quanto o seu amor por nós, eles receberam de Deus responsabilidades que afetam profundamente a vida no Lar e nossas vidas na Terra.

Acho que por nos sentirmos tão invencíveis na atmosfera de bem-aventurança que existe no Outro Lado acabamos escolhendo alguns obstáculos gigantescos para nossa vida na Terra. Um dos que mais me fizeram sofrer, e sobre o qual já comentei em meu livro *O Outro Lado da Vida,* foi a mentira e a traição por parte de um de meus ex-maridos, que poderiam ter me destruído e à minha reputação como médium. Recebi, sem dúvida, um grande apoio da família e dos amigos, mas quando Francine insistia em afirmar que eu sairia fortificada de tudo aquilo, que estaria mais sábia e melhor do que nunca, cheguei a achar que ela não sabia o que estava dizendo e que eu havia escrito em meu planejamento algo com o qual não seria capaz de lidar.

No final, Francine estava absolutamente certa. Eu me sinto mais forte, mais sábia e melhor do que antes. E Francine foi importante na minha luta para resolver o problema. Somente após a crise ter passado fiquei sabendo que, enquanto eu estava aqui tentando encontrar soluções, ela trabalhava para que o Conselho modificasse o meu planejamento. Sua intenção não era apagar a crise ou poupar-me das conseqüências, mas aplacá-las o suficiente para que eu mantivesse o meu trabalho e não ficasse permanentemente comprometida. Por isso, sou testemunha do poder do Conselho em intervir e ajustar nossos planejamentos em circunstâncias extremas, quando o resultado for para um bem maior.

Pessoalmente, vi apenas um membro do Conselho na Terra. Eu tinha vinte e seis anos e estava muito doente no hospital, preparando-me para uma cirurgia. Ninguém, inclusive eu, tinha certeza de que eu iria sobreviver. Meu quarto transbordava de médicos, enfermeiras, família e amigos preocupados. Durante um raro momento em que fiquei sozinha, num ponto crítico de minha luta contra a doença e o medo, uma mulher desconhecida entrou em silêncio em meu quarto e parou ao lado da minha cama. Seus cabelos e suas vestes eram brancas com reflexos brilhantes prateados, seu rosto, maduro e imaculado, seus olhos irradiavam amor e uma infinita sabedoria, como se já tivessem pousado no rosto de Deus e ainda carregassem consigo os vestígios dessa visão. Ela me olhou, tocou meu ombro suavemente e disse: "Você quis isso." E só. Nada além de "Você quis isso". Então, virou-se de costas e saiu do quarto tão silenciosa quanto entrara. Eu poderia ter concluído que a febre me causara uma alucinação, mas o toque de sua mão em meu ombro era tão real quanto a agulha que perfurava o meu braço.

Acho fascinante observar até onde os céticos (inclusive eu mesma) conseguem ir para encontrar uma explicação "lógica" para eventos incomuns, ainda que a explicação não faça o mínimo sentido. Depois que essa estranha e bela mulher saiu, concluí que ela devia ser alguma auxiliar de enfermagem. Como a suposição não fizesse sentido, supus que se tratasse de alguma voluntária ou ministra da igreja local fazendo visitas num ato de bondade, oferecendo palavras piedosas de conforto. Mas por que teria ela então me feito uma observação tão estranha como "Você quis isso"? Quem era ela para me perturbar com um comentário tão peremptório sobre o que eu queria?

Não sei quanto tempo passei discutindo comigo mesma antes de fazer o que deveria ter feito desde o começo – pedi a Francine que me explicasse o que acontecera. Ela me informou que a mulher não era nenhuma desconhecida. Eu já havia estado diante dela e do resto do Conselho várias vezes no Outro Lado, e ela apenas viera aplacar o meu medo lembrando-me que tudo o que estava acontecendo havia sido escrito por mim em meu planejamento antes de iniciar esta existência.

Como veremos depois, o Conselho é tão atuante na prevenção de uma crise quanto em intervir quando a crise se instala. Por enquanto, apenas pense naqueles dezoito seres brilhantes e sagrados como mais uma maneira que Deus providencia para que nunca fiquemos sós.

Seres de outros planetas

Quero deixar algo bem claro: posso lhe assegurar que a Terra não é o único planeta habitado do universo. Presumir isso somente porque os outros planetas de nosso minúsculo sistema solar são inabitados é como ficar numa casa isolada achando que ela é a única casa na Terra.

Existem pessoas inteligentes que têm tanta certeza de que não existe vida em outros planetas quanto eu estou convencida de que existe. Elas dizem: "Prove." Eu digo o mesmo. Ficarei muito feliz em rever a minha posição no instante em que me mostrarem fotografias de cada centímetro quadrado de cada um dos planetas de cada sistema solar de cada uma das galáxias provando claramente que não existe nenhum outro ser vivo num universo tão imenso que sequer conseguimos inventar um telescópio capaz de explorá-lo em detalhes. Até lá, continuarei a acreditar que não somos apenas membros privilegiados de uma comunidade global, mas membros de uma comunidade universal. E esse fato, em vez de nos trazer qualquer motivo de medo ou preocupação, deve ser comemorado. Imagine quanta riqueza de conhecimentos poderemos receber desses seres se algum dia formos desenvolvidos o bastante para entrar em contato com eles.

Como nós, os habitantes de outros planetas também são filhos de Deus. Eles fazem as mesmas jornadas espirituais, as mesmas escolhas de reencarnação e têm o mesmo júbilo no Outro Lado – não o nosso Outro Lado, mas o deles, tão idêntico aos seus planetas quanto o nosso é idêntico à Terra. Assim como nós, os habitantes dos outros planetas possuem os seus próprios guias espirituais, as suas próprias legiões de anjos, o seu próprio Conselho, os seus próprios messias e, sem dúvida, o mesmo Deus que criou todos nós.

Entidades Missionárias

Cada um de nós tem um objetivo e cada uma de nossas encarnações é como um tijolo a mais em sua construção. Sabemos qual é esse objetivo em nossas mentes espirituais. Nosso Guia Espiritual sabe, o Conselho sabe e, é claro, acima de todos, Deus sabe. Um objetivo nunca é mais importante do que outro. Dentro da diversidade dos seres humanos cada objetivo é indispensável e de igual valor.

Um dos objetivos mais desenvolvidos – não estou falando de importância – aos quais podemos nos dedicar é ser Entidades Missionárias. Essas entidades são as que disseram a Deus: "Onde quer que o Senhor precise de mim na Terra, irei imediatamente." Elas sacrificam o seu conforto físico e emocional e colocam de lado qualquer medo do desconhecido em nome da missão que assumiram – não de converter ou pregar uma religião ou um dogma específicos, mas, com delicadeza e compaixão, resgatar, reconectar, afirmar, acender e celebrar o espírito do divino em cada filho de Deus que encontrarem. As verdadeiras entidades missionárias respeitam as diferenças entre os sistemas de crenças. São gentis, sem preconceitos e nunca, jamais, se sentem superiores. Elas não nos amedrontam com ameaças de que iremos para o inferno ou sofreremos a danação eterna, elas não nos intimidam, não afirmam ter um caminho especial e único para chegar a Deus, não isolam ou separam uma pessoa de seus entes queridos ou do mundo em geral e nunca se esquecem de que Deus – não elas – é a Verdadeira Resposta.

Não é um desafio que cause inveja e certamente não é para qualquer um. Primeiro porque as Entidades Missionárias precisam trabalhar através de várias encarnações, realizando qualquer tarefa, para que a longo prazo não exista nenhum nível de vida na Terra com o qual elas não tenham algum tipo de relação. Além disso, sendo espíritos tão desenvolvidos, elas tendem a elaborar planejamentos extremamente difíceis para si mesmas e a escolher temas e opções que exigem muito delas. O seu caminho para atingir um objetivo tem muito mais obstáculos do que os de qualquer outro ser.

É fácil compreender por que muitas pessoas não estão interessadas em se apresentar para os sacrifícios, as perturbações e as decepções que as Entidades Missionárias enfrentam. Mas isso não significa que essas pessoas sejam preguiçosas ou menos dedicadas a Deus. Significa apenas que optaram por exprimir o seu compromisso com Ele de alguma outra forma. Nós honramos melhor a Deus devotando a Ele nossos maiores talentos e paixões, já que tais qualidades nos foram conferidas pelo próprio Deus. Com pequenas ações diárias, com sutis palavras amorosas e gestos de compaixão podemos tornar este mundo um lugar mais positivo espiritualmente e estaremos fazendo o mesmo que as Entidades Missionárias fazem – nem mais, nem menos.

Viajantes Místicos

Os Viajantes Místicos podem ser descritos como Entidades Missionárias com um campo de atuação mais amplo. O que eles disseram a Deus foi: "Onde quer que o Senhor precise de mim no universo, lá estarei."

Em outras palavras, assim como as Entidades Missionárias, os Viajantes Místicos dedicam sua vida a manter a conexão espiritual entre nós e Deus como uma força próspera e viável. Porém, enquanto as primeiras mantêm seus olhos voltados para a Terra, os Viajantes Místicos estão prontos para encarnar e realizar seu trabalho em qualquer planeta habitado de qualquer galáxia onde Deus precise deles.

O extraordinário poder dos Viajantes Místicos foi demonstrado com uma eloqüência de partir o coração pelo filho de Oona, minha amiga do Quênia. No instante em que Jared nasceu percebia-se nele uma aura de sabedoria e de espiritualidade incomuns. Era uma criança feliz, serena, sensível e calada, com olhos castanhos tão cheios de luz e de amor, que era possível sentir neles a alma antiga e eterna que ali vivia.

Tragicamente, Jared foi acometido de leucemia aos quatro anos, e quando seu quinto aniversário se aproximava Oona teve que enfrentar o fato de que seu único filho estava escorregando de suas mãos. Deitou-se ao lado dele na cama e abraçou-o, na certeza de que seria a última vez que o faria aqui na Terra. Os poucos anos que passara com Jared e a coragem com que o menino enfrentara a doença fatal trouxeram-lhe uma imensa fé em Deus e na vida após a morte que, sem ele, jamais teria alcançado. Oona estava agradecendo a Deus por tê-la abençoado com a honra daquele precioso e pequenino espírito quando Jared levantou a cabeça, aproximou os lábios do ouvido da mãe e sussurrou, a voz quase inaudível: "Mamãe, estou indo para Deus agora. Por favor, segure a minha mão."

Assim que tomou nas suas as mãos do menino, ela sentiu o espírito da criança levantar-se do corpo e teve uma sensação da qual jamais irá se esquecer: sentiu o seu próprio espírito ser transportado com o dele. Em vez de levá-la pelo túnel, aquele pequeno Viajante Místico mergulhou com a mãe no céu da noite. Logo estavam no meio do que pareciam milhões de diamantes espalhados num mar infinito de veludo negro e, quando ela se virou e viu o rosto agora feliz e vibrante do filho, ele sorriu e disse: "Eu só queria lhe mostrar as estrelas antes de ir para o meu Lar."

Aos poucos, uma luz dourada e forte surgiu entre as estrelas, um enorme e brilhante turbilhão do amor mais perfeito, e de suas profundezas vários seres emergiram e começaram a se aproximar. A poderosa luz branca atrás deles impedia que Oona visse seus rostos. Ela se sentiu envolvida por uma sensação de paz ao perceber que aqueles seres silenciosos, brilhantes e graciosos aproximavam-se para receber seu amado filho. Oona virou-se para Jared novamente e seus olhos se encontraram. "Obrigado, mamãe", disse ele, "por vir até aqui comigo." Ele apertou a mão de Oona, soltou-a e juntou-se aos seres para, flutuando, afastar-se dela e desaparecer na luz de Deus.

Naquele mesmo instante, Oona sentiu seu espírito voltar para o corpo que continuava deitado sobre a cama daquele pequeno quarto, ainda segurando a mão gelada e sem vida do filho. Enquanto lágrimas de tristeza por si mesma e de alegria pelo filho inundavam seus olhos, ela sussurrou "Obrigada, Jared" e teve certeza de que foi ouvida. Desde então, Oona tem se dedicado a elevar a vida espiritual de todos os que a rodeiam e o Viajante Místico chamado Jared a está observando no Lar, esperando a próxima missão que vai receber de Deus em algum lugar entre as estrelas, sabendo que foi bem-sucedido em sua breve missão de fazer da Terra um lugar mais abençoado, mais respeitoso e mais consciente do amor de Deus.

Existe uma grande interação recíproca entre o nosso Outro Lado e os Outros Lados por todo o universo. Informações valiosas são trocadas entre todos os pesquisadores e professores da comunidade universal. Não se engane. Nós não estamos sozinhos em nossa luta contra a AIDS, a esclerose múltipla, o câncer e outras devastadoras doenças da Terra, nem em nossos esforços para salvar espécies ameaçadas e o ambiente, nem na busca por soluções capazes de acabar com a fome, a violência e outras pragas da sociedade. Não é só aqui que as pesquisas são feitas sem descanso. Mentes brilhantes dos Outros Lados em todo o universo também estão trabalhando arduamente, passando para nós informações e descobertas através da infusão de conhecimento. Quando você olha para o céu à noite, não está apenas vendo um maravilhoso manto de estrelas, mas também algumas de nossas maiores fontes de esperança e de cura.

Nosso sentimento de separação do resto do universo faz parte do estágio inicial de um processo que todos os planetas atravessam em seu ciclo de vida. Porém, aos poucos, essa sensação de isolamento e a crença de que estamos sozinhos darão lugar à percepção de que, na verdade, fazemos parte de uma infinitamente ampla parceria de espíritos que esperam para abraçar e ser abraçados, num entendimento universal do amor e da aceitação total de Deus.

O Outro Lado cósmico

A vida nunca termina. Tudo que vive sempre foi e sempre será eterno e por isso não existe algo como "fim" em nenhum planeta habitado, não existe o "fim" de nenhum planeta habitado. Por quê? Porque o Outro Lado de cada um desses planetas, que recebe todos os seres vivos, com exceção das entidades negras que rejeitam a luz de Deus, é eterno, imortal.

À medida que os planetas se tornam mais desenvolvidos espiritualmente e menos isolados uns dos outros, os seus Outros Lados começam a fundir-se com o Outro Lado infinito e universal. Se a terra fosse destruída amanhã – e não será, acredite no que diz uma médium –, nós e o nosso Outro Lado nos juntaríamos aos seres cujos planetas já completaram seus ciclos naturais e que estão vivendo a mesma vida abençoada, jubilosa e sagrada que espera por nós além das estrelas, onde nosso Lar cósmico, que fica além do Lar, floresce eternamente.

Por favor, não tenha a impressão de que a existência de um Outro Lado cósmico diminui a importância e a santidade do Outro Lado da Terra. Lembre-se de dois fatos decisivos sobre Deus: existe uma ordem em tudo o que Ele criou e nada do que Ele criou é desprovido de valor.

8

Passando algum tempo no Outro Lado: profissões, pesquisas e lazer

É impossível ficar entediado no Outro Lado. Lá estaremos constantemente tão ocupados quanto desejarmos em atividades que nos darão extremo prazer.

É importante reafirmar que, quando vamos para o Lar, não estamos chegando lá pela primeira vez. Estamos retornando para vidas muito completas, atividades estimulantes, estudos e pesquisas que amamos e passatempos dos quais sentimos saudades durante nossas breves viagens para a Terra. Podemos recomeçar de onde paramos, fazendo tudo de que gostamos e gostando de tudo que fazemos, reassumindo não apenas as nossas responsabilidades mas também o maravilhoso processo de convivência que, na Terra, sempre realizamos com os limites do tempo e de todas as dificuldades do relacionamento humano. Fico feliz em afirmar que nós nos divertimos bastante no Outro Lado. Se não fosse assim, não seria o paraíso.

Acredite ou não, uma de nossas maiores fontes de prazer é o estudo. Quando chegamos ao Outro Lado, nossas mentes se expandem até atingir o seu mais alto potencial. Lembranças de todas as nossas vidas passadas e de tudo que aprendemos durante elas flui novamente numa velocidade que nos traz enorme alegria, sem o bloqueio dos caóticos limites da consciência terrena.

Você já deve ter lido a respeito de pessoas que ao retornarem de experiências de quase-morte disseram que o impressionante brilho que viam à sua frente quando estavam no túnel parecia conter toda a sabedoria e o conhecimento, como de fato acontece com a luz branca do Espírito Santo. Alguns desses espíritos chegam a retornar com uma repentina perícia em áreas que antes lhes eram desconhecidas. A razão para isso é que, no breve período em que saíram de seus corpos, eles ficaram no Outro Lado tempo suficiente para que o seu vasto conhecimento inato fosse restaurado e tornaram-se capazes de reter partes dele quando decidiram que ainda não haviam terminado a sua missão por aqui e resolveram voltar.

Deus nos deu mentes surpreendentes, uma curiosidade insaciável sobre assuntos que nos interessam e um universo tão complexo que é impossível esgotar qualquer assunto pelo qual optemos. E no Outro Lado todos os cursos estão ao nosso dispor e são ministrados pelas mentes mais iluminadas que o mundo já conheceu. Algumas vezes nossas áreas de estudo refletem as profissões e passatempos que apreciamos na Terra. Mas elas podem também corresponder a desejos que tivemos em nossa existência terrena e que só conseguiremos satisfazer quando estivermos de volta ao Lar, o lugar ao qual pertencemos.

Se você deseja ardentemente abraçar uma profissão que, por razões fora de seu controle, foge à sua possibilidade, por favor não pense que está fracassando em relação ao seu objetivo de vida. Conversei com milhares de clientes que desejavam desesperadamente ser médicos ou advogados mas não conseguiam devido a dificuldades intelectuais ou financeiras. Tratei de pessoas que queriam ser atletas profissionais mas não tinham habilidades naturais para isso, pessoas que buscavam a excelência nas artes criativas mas não possuíam talento para fazê-lo. Você pode achar engraçado o caso que vou contar, mas ele é absolutamente verídico. Durante uma sessão, uma mulher expressou sua frustração dizendo que havia gasto uma fortuna em aulas de danças de salão num esforço para ser melhor parceira para o marido, mas nenhum professor no mundo era capaz de dar jeito no que ela sentia como "seus dois pés esquerdos". Ela ficou fascinada e até achou graça quando, ao regredir, descobrimos que no Outro Lado ela é uma primeira-bailarina e que sua inabilidade para a dança na vida atual era apenas uma forma de ajudá-la a dedicar-se a matérias mais voltadas para o espírito. É claro que todas as frustrações não têm causas originadas no Outro Lado, mas muitas vezes a origem está aí, e por isso digo a você o mesmo que afirmei para meus clientes: você não fracassou. E não se culpe por querer algo que parece não lhe ser possível. Você apenas sente saudades do Lar, das habilidades nas quais se sobressai na vida rica e competente que leva no Outro Lado. Se você incluísse aqueles mesmos dons no planejamento de sua existência na Terra, como aprenderia outros?

Existem ocasiões em que habilidades e paixões nos acompanham do Outro Lado até a Terra e é daí que vêm os gênios e as crianças-prodígio deste mundo. Com orientação divina, esses espíritos desenvolvidos trazem do Lar uma área de conhecimento para inspirar a humanidade a atingir níveis mais altos de excelência e, se prestarmos atenção, para nos permitir vislumbrar nossa própria eternidade.

Nós estudamos no Outro Lado porque o potencial para explorar assuntos que amamos é infinito. Estudamos porque aprender é nossa alegria. Estudamos porque nossas mentes, com sua curiosidade infinita, são uma dádiva que recebemos de Deus, mas o que fazemos com elas é o presente com o qual nós Lhe retribuímos.

Também estudamos porque o resultado desses estudos traz benefícios para o nosso mundo, para a humanidade da Terra, para todo o universo. Por mais que reverenciemos o Outro Lado e celebremos nosso retorno ao Lar após cada reencarnação, sempre mantemos um profundo e carinhoso interesse pela Terra. Em toda a sua dolorosa imperfeição, ela ainda é o nosso lar longe do Lar, o lugar onde vivemos, aprendemos, lutamos, triunfamos, fraquejamos, amamos, sofremos, o lugar de onde partimos e para onde voltamos tentando melhorar, o lugar onde nossos entes queridos ainda vivem e onde poderemos optar por viver novamente. Estamos ligados à Terra, queremos ajudar o lugar e as pessoas que deixamos, e no Outro Lado temos os recursos, a proficiência e a sofreguidão para realizar esse desejo.

É bastante significativo que as escolas, bibliotecas e centros de pesquisa sejam os lugares mais movimentados do Lar. Trabalho e estudo são contínuos para o progresso médico, científico, psicológico, social e ambiental, para o benefício da Terra e de todos os planetas habitados. Como no Outro Lado não existem doenças, poluição, fome, seca, violência, abusos, intolerância, deficiências, doenças mentais ou luta pela sobrevivência, podemos concentrar a inexaurível generosidade de nossos esforços onde eles são necessários.

Assim sendo, uma parte essencial de nossas agradáveis pesquisas é dedicada à parceria ativa e constante com a humanidade no sentido de melhorar a qualidade de vida. No Lar, nossas mentes brilhantes estarão trabalhando com afinco até descobrir a cura para o câncer, a AIDS, a esclerose múltipla, o mal de Parkinson, o mal de Alzheimer e todas as doenças que debilitam as pessoas na Terra. Continuaremos a explorar para conquistar avanços na agricultura, combustíveis menos poluentes, clonagem de órgãos para transplantes mais seguros e acessíveis, e soluções para todos os problemas. Como já encarnamos anteriormente e experimentamos os enormes problemas da humanidade, consideramos uma dívida e um privilégio ajudar a vencê-los através de nossa dedicação ao mais árduo e gratificante dos trabalhos.

É aqui que entra a infusão de conhecimento, a transferência direta de informações de uma mente para outra sem que tenhamos consciência de como essa informação chegou até nós. É através dessa infusão de conhecimento que as pessoas do Outro Lado dividem os resultados de suas pesquisas com as mentes brilhantes da Terra que se encontram aptas a aceitá-los e colocá-los em prática. Por todo o mundo existem homens e mulheres que escreveram em seus planejamentos que teriam a sabedoria, a dedicação, a abertura e o talento capazes de "ativar" a parceria com o Lar. É a mais interativa e interdependente das colaborações. O Outro Lado só pode manifestar os resultados de suas pesquisas através dos colegas na Terra que possuem a capacidade de torná-las reais, e esses colegas não podem vencer sozinhos os obstáculos terrenos sem a orientação divina do Outro Lado. Se você alguma vez já se perguntou por que pessoas em lugares opostos no globo parecem fazer descobertas similares e alcançar progressos ao mesmo tempo, agora já sabe – é porque o Outro Lado finalmente alcançou aquelas mesmas realizações e entregou-as com sucesso nas "mãos" mais adequadas.

Os sete níveis de desenvolvimento

Existe ordem em cada aspecto da criação de Deus e essa ordem inclui o crescimento de nossos espíritos no Outro Lado. Quanto mais aprendemos e experimentamos, mais crescemos, e quanto mais crescemos, mais desenvolvidos nos tornamos, da mesma forma que o conhecimento e a experiência diferenciam um calouro de um universitário que está para se graduar, o que não significa que qualquer um deles seja mais valorizado do que o outro aos olhos de Deus.

Os sete níveis de desenvolvimento no Outro Lado são apenas categorias que definem o nosso progresso com base na experiência. Usando novamente a analogia da faculdade, pense nos níveis apenas como os graus que estão ao nosso alcance durante a caminhada. Podemos passar quanto tempo quisermos em cada um deles, segundo nossos interesses, aptidões e bem-estar. Os níveis não nos separam uns dos outros e nenhum deles é considerado superior. Todos os níveis são respeitados, valorizados e essenciais.

No nível um reentramos no Outro Lado, nos reunimos com nossos entes queridos e fazemos uma viagem à Máquina de Exame de Vida. No nível dois passamos pelo processo de Orientação que, como já vimos, pode envolver o Casulo, as Torres ou o que for necessário para que a nossa transição para o Lar seja o mais fácil e tranqüila possível. Nos níveis três, quatro e cinco desenvolvemos várias habilidades, abrangendo todas as matérias possíveis para, no nível seis, chegarmos a ser professores, orientadores, oradores e líderes de grupos de estudos. Poucas e raras almas escolhem avançar para o nível sete, onde o espírito é privado de sua identidade e deixa-se absorver pelo campo de força infinito e incomensurável de onde emanam o amor e o poder de Deus.

Como já disse, cada nível indica um avanço e, com freqüência, quanto mais encarnações optamos por experimentar, mais alto é o nível que atingimos. É óbvio que cada vez que voltamos ao Lar repetimos os primeiros dois níveis para fazer a transição da dimensão terrena para a outra. Entretanto, uma vez readaptados, não voltamos aos níveis anteriores. Apenas reassumimos nossas responsabilidades no nível em que estávamos quando saímos do Lar para reencarnar outra vez.

Não existe segregação entre os níveis, não existem uniformes ou qualquer outra forma visível de identificação. Há também uma constante mobilidade de um nível para o outro. Eu sou uma orientadora no Outro Lado, no nível seis, mas também adoro passar algum tempo nos centros de habilitação do nível três e fazer pesquisas no nível cinco. É lógico que essa mobilidade não funciona de maneira inversa – ninguém pula do nível três para o nível seis, por exemplo –, não por qualquer discriminação, mas apenas porque ainda não acumulamos conhecimentos suficientes, da mesma maneira que um calouro não pode pular para o último ano da faculdade sem passar pelos anos de estudo que o separam.

A exceção para essas regras é o nível sete, que constitui um fenômeno com dimensões próprias. Quando um espírito atinge esse nível final e se torna uma parte do incomensurável campo de força de Deus, ele jamais volta a um nível anterior, a uma encarnação ou à sua própria identidade.

Para que você tenha uma idéia de como são raras as entidades do sétimo nível, nos sessenta e três anos desta minha existência só encontrei uma pessoa que vai chegar até lá. É um professor de teologia, Viajante Místico há muitos séculos, tão etéreo que jamais pareceu ser e jamais se sentiu parte deste mundo. Ele tem toda a consciência de que sua próxima viagem ao Lar será a última e sente-se feliz com sua intenção de integrar-se à força de Deus.

Não sei se é uma questão de ego, medo, ou uma combinação dos dois, mas admito que minhas aspirações para o Outro Lado não chegam até o nível sete. Talvez eu mude de idéia, mas por enquanto acredito piamente que posso expressar melhor minha devoção absoluta a Deus mantendo a minha identidade e dedicando-a ao Seu serviço nos limites do meu trabalho nos outros seis níveis. Por isso, se você sentiu o mesmo quando leu sobre o sétimo nível, acredite, são muitos como você e não se trata de uma limitação. Desde que dediquemos nossos talentos a Deus e à Sua obra, Ele precisa de todos nós.

Os níveis e os quadrantes

Já falamos que cada um dos continentes no Outro Lado está dividido em quatro quadrantes que correspondem aos níveis de desenvolvimento. Por isso passaremos a maior parte do tempo no quadrante que corresponde ao trabalho que realizamos.

Há uma completa mobilidade entre os quadrantes. Na verdade, não existe nenhuma área no Outro Lado onde não se possa entrar. Digamos que você trabalhe mais no quadrante dedicado à pesquisa e um amigo próximo é um compositor que trabalha no quadrante onde são desenvolvidas as artes criativas. Vocês podem visitar um ao outro à vontade e passar quanto tempo quiserem juntos. Usando novamente a analogia da faculdade, o fato de estudar inglês não impede que você passe no prédio de ciências para ver um amigo, mesmo que não tenha interesse em assistir a aulas ali.

Mais uma vez repito: um mero pensamento é capaz de nos levar de uma pessoa a outra, de um quadrante a outro, e nenhum de nós jamais fica isolado de ninguém ou de nenhum lugar, a não ser por opção.

Tornando-se um Guia Espiritual

É certo que muitos de nós, senão todos, mais cedo ou mais tarde iremos nos tornar Guias Espirituais de um amigo.

O relacionamento com o Guia Espiritual começa no Outro Lado, quando alguém com quem temos uma ligação especial toma a difícil decisão de deixar o Lar para uma nova encarnação. O pedido para que sejamos seu Guia Espiritual significa que essa pessoa tem absoluta confiança em nosso amor e em nosso discernimento. Ao aceitarmos, damos início a um processo que pode levar anos, décadas ou mesmo séculos antes que a nova encarnação da pessoa amiga tenha início.

Uma de nossas prioridades passa a ser então nos tornarmos especialistas em cada aspecto que envolve essa pessoa. Começamos no Palácio dos Arquivos estudando, fundindo-nos em suas vidas passadas até conhecermos todos os eventos, todas as suas motivações, seus triunfos, seus fracassos, seus pontos fortes e fracos, sua habilidade ou inabilidade para lidar com problemas em todas as encarnações.

Ao mesmo tempo também assumimos o desafio de aprender sobre o temperamento da pessoa amiga. Chegamos a conhecer tão bem a sua constituição psicológica, que sabemos não apenas como ela irá reagir em determinada situação, mas de que maneira essa situação irá afetá-la. Descobrimos o tipo de abordagem que funciona melhor quando se trata de aconselhá-la – ela ouve de imediato, coloca-se na defensiva, resiste à autoridade, sente-se logo culpada, reage impulsivamente, pensa demais nos problemas, fica paralisada diante da menor crítica, insiste em ser autodestrutiva não importa o quanto conversemos com ela?

No processo de busca de todos os detalhes íntimos dessa pessoa querida, temos que estar conscientes de que, apesar da empatia que nos une, é necessário manter a objetividade porque, quando ela começa a viver as duras lições que planejou para si na Terra, vai precisar de nós para aplacar o seu pânico em vez de aumentá-lo com a nossa própria preocupação. Temos que aprender quando ampará-la em meio a um tropeção e quando deixá-la cair para que aprenda com a queda como agüentar ver seu coração se partir e manter nossa força para ajudá-la a sarar, sabendo que ela escolheu muitos sofrimentos para crescer e que não a estaríamos ajudando se a preservássemos deles. Também precisamos lembrar de nossas próprias vidas passadas, quando não tínhamos memórias conscientes do Outro Lado e nem do nosso Guia Espiritual, para compreender por que esse ser querido nunca se dá conta de nossa presença ou chega a zombar da idéia de nossa existência.

Algumas vezes o ente amado vai precisar de um empurrão em direção a outras pessoas, ocasião em que colaboraremos com os Guias Espirituais desses outros indivíduos, ajudando para que tudo dê certo. Vou contar um caso a esse respeito: um dia, após assistir a uma de minhas aparições no programa *Montel Williams,* uma mulher teve "um impulso" e decidiu me telefonar para pedir informações sobre uma possível sessão mediúnica. Três dias depois, a mãe dessa mulher perguntou-lhe, "num impulso", se ela tinha me visto no programa. Era a primeira vez que qualquer uma delas mencionava uma palavra a meu respeito, apesar de ambas já terem me assistido muitas outras vezes. A mulher perguntou: "Por que você quer saber?" e a mãe respondeu: "Porque eu gostaria de lhe dar uma sessão com Sylvia como presente de aniversário". Marcamos a sessão para nove meses mais tarde, graças à minha lista de espera, mas, como houve alguns cancelamentos, consegui antecipá-la, também agindo "num impulso". Quando a sessão terminou, cada uma de nós sabia que havia encontrado uma alma com a qual tinha grandes afinidades. Uma amizade cresceu a partir dali e vários meses depois, durante um jantar, eu disse "num impulso": "Vamos escrever um livro juntas?" Francine confirmou que ela e os Guias Espirituais de Lindsay Harrison e de sua mãe trabalharam em conjunto para que Lindsay e eu nos encontrássemos, pois estava claramente especificado em ambos os nossos planejamentos que devíamos nos tornar amigas e começar a escrever juntas. E acrescentou que nossos Guias já vinham trabalhando há algum tempo nesse sentido sem que os escutássemos.

Mas mesmo que tenhamos dificuldade em chamar a atenção de nossos protegidos, mesmo que sejamos ignorados, desprezados ou atacados, nós, Guias Espirituais, manteremos no último dia de vida de nosso ser querido a mesma dedicação que tínhamos no primeiro, e quando ele voltar ao Lar iremos abraçá-lo com o mesmo amor e compreensão incondicionais de quando nos despedimos dele.

Enquanto lidam com suas responsabilidades em relação ao ente querido, os Guias Espirituais continuam com o seu estudo, suas tarefas e convivendo com os amigos no Outro Lado. É muita atividade.

No entanto, mesmo em nossos tempos mais difíceis juntas,

Francine jura que jamais teve um único instante de arrependimento por aceitar ser minha Guia Espiritual. Espero que, quando chegar a minha vez de fazer o mesmo por outra pessoa, eu tenha pelo menos a metade da paciência, da sabedoria, da generosidade e do amor que ela me dedica.

Tornando-se um Orientador

Não existem em todo o universo psicólogos mais bem treinados e mais cheios de compaixão do que os Orientadores, aqueles que buscam a certeza de que estamos completamente renovados, saudáveis e ilesos quando recomeçamos nossa vida no Lar ou, como veremos adiante, na Terra.

Em cada Centro de Orientação nos edifícios na entrada do Outro Lado há equipes de Orientadores trabalhando. Antes de chegarmos, eles estudaram nosso planejamento e a forma e as circunstâncias de nossa morte e, assim, estão preparados para nos aconchegar durante o processo de Orientação capaz de nos auxiliar melhor. Escolhemos nossos próprios Orientadores que conhecemos em outras vidas no Lar. Podemos recrutar dois, três ou até quinze deles, dependendo do sofrimento que estivermos sentindo quando chegarmos ao Outro Lado. Se a nossa confusão nos impedir de escolher um grupo, nosso Guia Espiritual, que nos acompanha em todas as etapas desse percurso, seleciona-o por nós.

Assim como os Guias Espirituais, todos os Orientadores já passaram por pelo menos uma encarnação, o que lhes permite compreender melhor o turbulento estado mental que algumas de nossas vidas na Terra nos causam. E o fato de terem chegado ao sexto nível de desenvolvimento indica que os Orientadores passaram centenas de anos, medidos pelo "tempo terreno", estudando com as maiores mentes médicas, psicológicas e espirituais no Outro Lado e preparando-se para as responsabilidades pelas quais optaram.

Embora os Orientadores sejam treinados para lidar com todas as circunstâncias possíveis, cada um deles acaba se tornando um especialista em áreas distintas:

- *Chegadas desejadas* – aqueles que aceitaram a própria morte e o retorno ao Lar e que voltam ansiosos para recomeçar de onde pararam.
- *Chegadas relutantes* – aqueles que aceitaram a própria morte mas estão sofrendo devido a assuntos que ficaram pendentes. Eles precisam de um cuidado extra mínimo tão logo a Máquina de Exame de Vida os tenha ajudado a se lembrar de que partiram exatamente quando pretendiam e que os assuntos ficaram "pendentes" por seu próprio desejo e de acordo com seu planejamento.
- *Bebês e crianças* – aqueles que optaram por ter um tempo muito breve na Terra e que chegam ao Lar com lembranças recentes dos tempos felizes no Outro Lado. Essa é a mais fácil de todas as Orientações. Lembre-se: mesmo bebês que na Terra ainda nem conseguem falar, no Lar para o qual estão retornando são seres de trinta anos, com infinitas histórias de encarnações anteriores e vidas plenas.
- *Mortes traumáticas* – aqueles cujas mortes foram repentinas devido a algum tipo de violência acidental ou deliberada. Costumam chegar em estado de choque, zangados por terem mudado de lugar sem qualquer aviso. A Máquina de Exame de Vida ajuda a reconectá-los com o fato de que planejaram aquela morte para si mesmos e que havia um propósito para essa escolha. Na maioria dos casos eles se readaptam sem dificuldade à vida no Outro Lado.
- *Os pacientes do Casulo* – aqueles que chegam com um sofrimento profundo causado pela separação de alguém a quem deixaram para trás. Como parte essencial de sua cura, eles são colocados num sono crepuscular velado por seu Guia

Espiritual e por uma equipe de Orientadores que se especializaram nesse tipo de aconselhamento.

- *Pacientes de tratamento intensivo* – aqueles que chegam completamente desorientados quanto à sua própria identidade e precisam ser psicologicamente reintegrados antes que estejam prontos para recomeçar suas vidas com alegria no Outro Lado. São as vítimas de lavagem cerebral, os casos mais extremos do mal de Alzheimer, os suicidas com graves doenças mentais. Eles são levados diretamente até as Torres onde, respeitando o seu próprio ritmo, alternam-se entre o sono crepuscular e o cuidado constante de Orientadores com habilidades no delicado trabalho de "desprogramação".

Se você sentir preocupação com um ente querido que faleceu, ou ansiedade quanto à sua própria transição para o Outro Lado, é importante acentuar que não existem Orientadores malsucedidos. O simples fato de chegar ao Lar é uma garantia absoluta de uma alegria eterna e abençoada na sagrada paz do amor incondicional de Deus e, sob a Sua condução, os Orientadores sempre cumprem essa promessa divina.

Relaxando no Outro Lado

Embora trabalho, estudo e pesquisas nos mantenham perpetuamente inebriados no Outro Lado, nossa vida social é fascinante. Bem diferente da vida social na Terra, porque, além de não termos necessidade psicológica de ingerir nada, a atmosfera arrebatadora criada pelo amor de Deus nos deixa numa serena euforia.

Pequenas reuniões, grandes festas e festivais no Outro Lado são animados por conversas interessantes, espirituosas e iluminadas, música e dança. Todos são bem-vindos a qualquer grupo, ninguém é discriminado. Pessoas com interesses e senso de humor semelhantes atraem-se naturalmente, mas sem excluir ninguém. Nenhum comportamento é ofensivo ou inconveniente.

Estou convencida de que todos os passatempos que possamos imaginar e inúmeros outros que ainda nem conhecemos estão ao nosso dispor no Outro Lado, com exceção de atividades capazes de causar algum mal a nós mesmos ou a outras pessoas. Se um cliente me disser que em toda a sua vida desejou ser capaz de fazer bordados em tela, pintura a óleo, bonsai, tocar piano ou desenvolver qualquer habilidade artística, posso apostar que acabarei descobrindo não apenas que esses passatempos são comuns no Outro Lado, mas que lá o meu cliente é professor daquilo que não consegue aprender na Terra.

O irmão de minha nora Gina, Chris, é um bom exemplo. Nós todos o amávamos muito e sua morte aos vinte e seis anos foi um duro golpe para a família. Um de seus sonhos não realizados era tocar violão ou guitarra. Ele nunca demonstrou talento ou paciência para isso, mas idolatrava os grandes músicos dessa área. Passaram-se muitos meses após a morte de Chris até que eu ouvisse uma manifestação sua, pois ele teve uma transição difícil e precisou ficar num Casulo por algum tempo. Porém, quando finalmente conseguiu se acomodar, as primeiras palavras que ele me disse do Outro Lado foram para anunciar, com imenso orgulho e satisfação: "Adivinhe! Eu sei tocar violão!"

O mesmo acontece com o talento para esportes e jogos, que são tão difundidos no Outro Lado quanto na Terra. As partidas de tênis, beisebol, basquete, futebol e outras estão sempre repletas de uma platéia animada que não se encontra ali para vibrar com vitórias ou derrotas, mas que está feliz por ver seu esporte favorito ser jogado com tamanha perfeição.

As inúmeras salas de concerto, magníficas, fechadas ou a céu aberto, estão também sempre repletas de admiradores de todo o tipo de arte. Assim como nos esportes, há os que preferem assistir e os que preferem atuar, e as preferências de todos são bem-vindas, respeitadas e encorajadas.

Algumas poucas supostas necessidades terrenas estão ausentes e não teriam qualquer razão de ser no Outro Lado – televisão, por exemplo, cinema, rádio, computadores, que se tornam desprezíveis em comparação com a comunicação instantânea e com o igualmente instantâneo acesso ao entretenimento ao vivo que o pensamento projetado torna possível no Outro Lado. A propósito, não há prêmios ou recompensas, nada que possa dar a mínima idéia de que uns sejam superiores aos outros.

No paraíso não é a lei que declara que todos somos iguais. É simplesmente a verdade eterna, sagrada e universalmente reconhecida de Deus.

9

A viagem de volta: Voltando do Outro lado para a Terra

Então lá estamos nós no paraíso, cercados por uma beleza infinita, caminhando lado a lado com os Anjos, ocupados e inspirados, amados e amando, estimulados e estimulando, energizados a cada instante pela atmosfera viva e arrebatadora criada pela presença de Deus. Ainda assim, inacreditavelmente, muitos optam por deixar o paraíso do Outro Lado de vez em quando para uma nova encarnação nesta dimensão dissonante e árdua chamada Terra.

Essa escolha tem a ver com um fato fundamental e indiscutível:

Deus criou cada um de nós com um potencial único e com o destino divino de alcançar esse potencial, não importa quanto tempo, dor e sacrifício sejam necessários. No final, nós sempre teremos êxito. Se corrermos, andarmos, rastejarmos ou vagarmos por centenas de atalhos sem saída, inevitavelmente atingiremos a grandeza que nos pertence por direito. Nossas breves viagens para fora do Lar são parte do caminho em direção a essa grandeza.

Vocês se lembram que Francine me perguntou uma vez: "O que você aprendeu quando tudo ia bem?" Os tempos no Lar não são apenas bons, são idílicos. É verdade que no Outro Lado podemos estudar cada assunto existente, incluindo a negatividade. Mas uma coisa é estudar a negatividade, outra é experimentá-la, ganhando força e sabedoria quando a superamos. Já que a negatividade não existe no Outro Lado, chegamos aqui para experimentá-la, para crescer ao enfrentá-la em benefício da humanidade, de nós mesmos e de Deus. Quer levemos uma encarnação ou uma centena delas, sempre mantemos a promessa feita ao Criador e Ele mantém Sua promessa para conosco de que iremos atingir a mais primorosa expressão da dádiva que Ele nos deu.

Nunca encarnamos sem ter em mente objetivos e desafios muito específicos. Quando nos preparamos para cada nova existência, passamos por uma meticulosa série de processos para garantir o cumprimento daquilo que viemos aprender na Terra e para que tenhamos toda a ajuda necessária enquanto estivermos aqui, se soubermos ouvir e prestar atenção. Tais processos podem levar semanas, meses, anos, décadas ou séculos, na medida terrena, dependendo de quando decidirmos que essa encarnação será melhor para nós. Mas um aspecto desse planejamento é consistente: só saímos do Lar quando estamos absolutamente prontos.

Da mesma maneira que precisamos da Orientação para garantir uma transição tranqüila da Terra para o Outro Lado, também precisamos dela quando vamos partir mais uma vez. Assim que tomamos a decisão de voltar para mais uma vida na Terra, recrutamos nosso Guia Espiritual e nosso grupo de Orientadores que logo começam a nos estudar e a analisar os objetivos gerais que estamos interessados em atingir.

Discutimos possíveis abordagens, obstáculos e alternativas aos nossos objetivos, inclusive o que já aprendemos ou deixamos de aprender em nossas vidas passadas, e analisamos inclusive a possibilidade de alcançar nossos objetivos sem sair do Outro Lado, sem precisar enfrentar os sofridos desafios de uma nova encarnação. Nosso Guia Espiritual e o grupo de Orientadores, que já viveram na Terra, compreendem o quanto a vida na dimensão terrena é difícil e complexa e, embora estejam lá para nos dar apoio, tudo farão para garantir que tenhamos certeza de que esse é realmente o nosso desejo.

Há aqueles que mudam de idéia após a longa sessão de pré-orientação e decidem ficar no Lar e continuar o trabalho no paraíso, ou limitar a vida na Terra a apenas alguns poucos meses ou anos, apenas o suficiente para cumprir uma promessa que fizeram para o crescimento de alguém ou de algo – como um pai ou mãe terrenos, um irmão, a comunidade médica pediátrica, a guerra contra o abuso infantil ou o transplante de órgãos. Mas a maioria dos que passam pela pré-orientação já assumiu um compromisso com o próprio desenvolvimento espiritual e recusa-se a desistir.

Após discutir, nessa pré-orientação, os objetivos gerais de nossa próxima encarnação e, possivelmente, modificá-los segundo os conselhos de nosso Guia Espiritual ou do líder do grupo de Orientadores, seguimos para o longo e intricado processo de Orientação.

A sala de Orientação e o mapa de planejamento

Nós nos reunimos na sala de Orientação com nosso Guia Espiritual e os membros do grupo de Orientação que escolhemos e, com sua ajuda, elaboramos um planejamento incrivelmente detalhado para a vida em que iremos cumprir os objetivos aos quais nos propusemos.

Começamos pelo aspecto mais geral, escolhendo os "veículos" que utilizaremos para nos mover em direção à linha de chegada que estamos determinados a alcançar, não importa quantas vezes possamos tropeçar e cair.

O primeiro desses "veículos" são os Temas de Vida.

Temas de Vida

Uma das lições mais marcantes que aprendi em minhas décadas de regressões hipnóticas a vidas passadas foi o fato de que, ao regredir, todas as pessoas – todas elas – têm uma resposta imediata para a pergunta: "Qual era o seu objetivo naquela vida?" As respostas sempre se encaixam em uma das categorias listadas e descritas no apêndice deste livro. Tais categorias – que são os Temas de Vida – são tão importantes que provocam uma resposta instantânea sempre que peço que alguém descreva o seu objetivo na presente encarnação. Nós escolhemos esses Temas de Vida antes de cada encarnação.

Cada um de nós escolhe dois Temas de Vida – o Primário e o Secundário. O Tema de Vida Primário define o objetivo básico de nossa próxima existência e o Tema de Vida Secundário define o conflito que estamos nos propondo a vencer, pois, como sabemos, quanto mais arduamente trabalhamos por algo, mais o valorizamos. Nesta vida, por exemplo, o meu Tema de Vida Primário é "humanitário". É esse o meu objetivo, o que me propus a alcançar para o meu desenvolvimento espiritual. O meu Tema de Vida Secundário é "solitário". Esse anseio por privacidade e solidão tem me acompanhado por toda a vida, ameaçando afastar-me do meu objetivo, e não há um só dia em que eu não tenha que lutar contra a tentação de ceder a ele. Entretanto, se o meu Tema Primário veio com facilidade, sem que eu precisasse lutar por ele, minha paixão por esse tema não poderia ser maior. Assim sendo, uma maneira de olhar para nossos dois Temas de Vida é considerando o Secundário como um obstáculo ao Primário. Porém, numa visão mais positiva, podemos considerar o Secundário como o fogo que aquece o Tema Primário e garante o seu sucesso.

A maioria de nós consegue identificar-se com vários dos Temas de Vida. Pode ser necessário ler cada um deles mais de uma vez e dedicar algum tempo a uma reflexão silenciosa e honesta para chegar a uma vigorosa percepção de quais são os seus dois temas. Para descobrir o Tema Primário, a principal pergunta que devemos fazer a nós mesmos é: "Sem levar em conta a profissão que exerço e as perturbações que deixo entrar em minha vida, qual desses temas melhor descreve a força que, dia após dia, impulsiona a minha alma?" A pergunta para descobrir nosso Tema Secundário é: "Qual desses temas melhor descreve aquela força que, dia após dia, tenta desviar o caminho da minha alma?"

Por que é importante identificar nossos Temas de Vida? Porque através deles podemos descobrir a verdadeira razão pela qual escolhemos voltar aqui desta vez e a dificuldade que optamos por enfrentar seguidas vezes, até vencê-la para sempre. Além disso, é um deleite imaginar-se na imensa sala de Orientação, com nosso Guia Espiritual e nosso grupo de Orientadores, estudando a lista dos temas e planejando a nossa existência atual.

Uma vez vencida a difícil tarefa de escolher nossos temas Primários e Secundários, passamos para uma outra lista denominada Linhas de Opção.

Linhas de Opção

Você já observou que, não importa o quanto sua vida pareça ir bem, não importa o quanto você consiga lidar com ela, há sempre uma área específica que, por mais que você tente, por mais atenção que lhe dedique, simplesmente não consegue dominar?

Essa área específica é a sua Linha de Opção e é uma outra escolha que você faz no Outro Lado para lidar aqui. Se a vida na Terra é uma árdua escola – e realmente é –, a Linha de Opção é o curso no qual decidimos nos diplomar em determinada encarnação e é a maior área de desafios que iremos enfrentar.

Existem sete Linhas de Opção:

- saúde
- espiritualidade

- amor
- vida social
- finanças
- profissão
- família

Para lhe dar um exemplo, a minha Linha de Opção é "família". Meu pai era um homem afetuoso, divertido, maravilhoso e amoroso, mas minha mãe era neurótica, narcisista e agressiva. Passei toda a minha infância tentando moldar uma família normal com essa matéria-prima e tenho certeza de que o fato de ser médium e muito franca só complicou o ambiente em minha casa. Entretanto, era difícil criar um sentimento de aconchego com uma mãe que vivia expressando suas fantasias extremamente agressivas em relação a mim e um pai que incompreensivelmente não abandonava a esposa. Acabei desistindo do meu conto de fadas naquela casa e resolvi criar a minha própria família... com um marido que também me agredia, um outro que me levou à falência, dois filhos que adoro, que têm pais diferentes e não são exatamente os melhores amigos, uma aversão correspondida pelo meu cunhado... e aos sessenta e três anos, enquanto as outras seis Linhas de Opção tiveram seus altos e baixos mas nunca foram impossíveis, nada pode me fazer sentir mais incapaz, indefesa e totalmente estarrecida do que essa área na qual ainda luto e que se chama "família".

Gostaria de poder prometer que a descoberta de sua Linha de Opção fará com que você possa vencê-la, mas nunca vi um caso em que isso acontecesse. Descobri-la pode evitar a sensação de ter caído numa emboscada cada vez que um novo obstáculo surgir nessa mesma área que você não consegue controlar. Espere pelos obstáculos e tenha uma surpresa agradável se eles não aparecerem. Para seu consolo, lembre-se sempre de que, qualquer que seja a sua Linha de Opção, ela não é um castigo e nem uma maldição vinda de alguma Entidade Negra. É uma escolha que fizemos antes de vir para cá, um desafio no qual queríamos trabalhar e que, prometo, fará todo o sentido quando chegarmos de volta ao Outro Lado.

Uma vez selecionados os Temas de Vida e nossas Linhas de Opção, partimos para outra etapa no planejamento de nossa próxima encarnação. Conscientes do quanto a vida na Terra pode ser cruel e ingrata, elaboramos cinco possíveis "portas de saída" em nossos planejamentos, cinco oportunidades para abandonar tudo e voltar para o Outro Lado. Elas são conhecidas como "Pontos de Saída".

Pontos de Saída

Os Pontos de Saída são circunstâncias que planejamos antes de vir para a Terra e que podem resultar no fim desta existência se optarmos por isso no momento em que elas ocorrerem. Anotamos cinco delas em nosso mapa, mas não é preciso esperar até que a quinta aconteça para deixarmos a Terra. Podemos decidir, na primeira, na segunda ou na terceira, que já atingimos tudo o que queríamos alcançar nessa viagem e que é hora de voltar para o Outro Lado. Além disso, quando planejamos os Pontos de Saída, não os separamos uns dos outros de maneira uniforme. Podemos, por exemplo, planejar dois deles no mesmo ano e o próximo vinte ou trinta anos depois.

Os Pontos de Saída mais óbvios são as doenças e acidentes graves, de que escapamos por um triz, e quaisquer outros eventos que poderiam ter resultado em morte. Outros Pontos de Saída, entretanto, são tão sutis que talvez nem tenhamos consciência deles. Uma decisão "sem qualquer motivo aparente" de tomar um caminho diferente do usual para ir ao trabalho, os "insignificantes" atrasos que nos impedem de sair de casa na hora em que pretendíamos, uma mudança de última hora nos planos de viagem, desfazer um compromisso ou ficar em casa em vez de ir a uma festa porque de repente "perdemos a vontade" de sair – quaisquer incidentes apa-rentemente sem importância podem ser Pontos de Saída que optamos por não utilizar e que são lembrados pelo inconsciente.

Um outro sinal ocasional de um Ponto de Saída lembrado no nível inconsciente é quando sonhamos várias vezes com algum lugar, pessoa ou situação específicos que não nos parecem familiares mas que nos causam desconforto ou medo, e algum tempo depois tal sonho se torna realidade. Algumas vezes o sonho é premonitório, mas freqüentemente ele é uma lembrança de um Ponto de Saída que você planejou no Outro Lado. Seus sentimentos em relação a esse sonho são um aviso de que ele está para acontecer e que você tem uma escolha a fazer.

Também é comum que o nosso subconsciente tome conhecimento de um Ponto de Saída não escolhido quando estamos nos recuperando de um Ponto de Saída em potencial. Um amigo hospitalizado pediu-me que o hipnotizasse para acabar com o tormento que sofria por não se lembrar de como acontecera o acidente de motocicleta que o havia levado até ali. Durante a regressão, porém, ele se lembrou de mais do que esperava. Por um lado, teve uma lembrança cristalina de ter feito uma escolha – não foi um mero impulso – de sair da estrada e avançar em direção a uma barragem com a qual colidiu, em vez de seguir adiante, evitando assim uma batida de frente com um caminhão que vinha em direção oposta, na contramão, o que teria causado um acidente fatal. Além disso, de repente, ele se lembrou que uma voz (seu Guia Espiritual, segundo Francine) sussurrou em seu ouvido quando ele recuperou a consciência dentro da ambulância: "Essa foi a número quatro." Ele jamais ouvira falar dos Pontos de Saída e perguntou-me o que "número quatro" queria dizer. Quando eu lhe expliquei o significado, ele teve certeza de que era verdade.

Como acontece com a maioria das pessoas, inclusive comigo, ele também se sentiu reconfortado em saber que, conscientes do fato ou não, todos nós temos cinco escolhas sobre quando deixar este mundo e voltar para o Lar.

Há mais um ponto que nunca é demais lembrar: com raríssimas exceções, o suicídio nunca é uma de nossas opções de Pontos de Saída! Uma pessoa jamais escreve suicídio em seu próprio mapa, pois um planejamento não é apenas um contrato consigo mesmo, mas um contrato com Deus. Se a causa do suicídio não for algo tão grave que fuja ao nosso controle, quebrar esse contrato vai nos enviar diretamente de volta ao útero sem que possamos passar um segundo no paraíso.

Preenchendo os detalhes de nosso mapa

Tendo decidido todos os assuntos gerais de nosso planejamento – os Temas de Vida Primário e Secundário, as Linhas de Opção e os Pontos de Saída –, começamos a longa e árdua tarefa de elaborar cada componente e cada evento da existência que estamos para iniciar procurando garantir a melhor chance possível de sucesso em atingir nossos objetivos gerais. E quando digo "cada evento", uso essas palavras com toda a força de seu sentido.

- Escolhemos nossos pais e irmãos.
- Escolhemos cada detalhe de nossa aparência física: cor dos cabelos, da pele, dos olhos, tipo de corpo, altura e peso, inclusive as flutuações e marcas características.
- Escolhemos lugar e hora exatos do nosso nascimento, o que quer dizer que escolhemos todos os detalhes de nosso mapa astral.
- Escolhemos nossos amigos, amantes, cônjuges, filhos, chefes, colegas de trabalho, conhecidos e até animais de estimação.

- Escolhemos as Entidades Negras que encontraremos ao longo do caminho.
- Escolhemos as cidades, vizinhanças e casas onde viveremos.
- Escolhemos nossas preferências, fraquezas, defeitos, senso de humor ou falta dele, habilidades, talentos e áreas de incompetência.

E assim, passo a passo, montamos cada momento importante ou trivial da existência que estamos prestes a iniciar.

Apesar de parecer o contrário, chegamos à Terra com livre arbítrio e incontáveis escolhas. Se estiver escrito em seu mapa que você vai cair sobre o joelho aos quatro anos, cabe a você decidir se será algo simples ou se a queda vai implicar uma cirurgia. Se o seu mapa afirma que você será convidado para uma festa de aniversário aos trinta anos, você pode optar por recusar o convite, ir à festa e detestar ou ir à festa e se divertir a valer. Se você planejou um acidente de automóvel, isso tanto pode significar um pára-choque amassado quanto uma catástrofe que vai destruir o seu carro, dependendo de sua opção no momento em que acontecer. Uma doença planejada pode ameaçar a sua vida ou ser algo muito simples, dependendo de sua atitude quando ela aparecer, ou seja, se você vai se cuidar ou se vai simplesmente ignorá-la. Quando uma Entidade Negra surge em sua vida, seguindo o seu próprio planejamento, você é que vai optar por afastar-se dela, envolver-se e permitir que ela exerça seu poder de destruição ou envolver-se e lucrar com a experiência, aprendendo a não se aproximar dela da próxima vez. Uma vida planejada não é uma vida sem opções, mas um exemplo do fato de que o valor de nossas vidas não é ditado pelo que enfrentamos e sim pelas nossas atitudes diante de tais situações.

Durante todo o processo de composição do mapa de planejamento, nosso Guia Espiritual enfrenta um desafio incrivelmente difícil: ele precisa utilizar todas as suas emoções e memórias de vidas passadas para tornar-se, de certa maneira, quase "humanizado". Não se esqueça, nosso estado mental no Outro Lado, inclusive quando estamos no processo de Orientação para voltar à Terra, é eufórico, destemido e totalmente confiante. Não há nada com que nos consideremos incapazes de lidar, nada que relutemos em assumir em nossa busca pelo crescimento espiritual. Por mais pesada que seja a sua vida, eu lhe garanto que você estava quase optando por ainda mais desafios até que o seu Guia Espiritual fez você ser um pouco mais realista.

É também durante esse processo de Orientação que outros espíritos que incluímos como pessoas importantes em nossas vidas são chamados para consultas e para uma coordenação dos mapas de maneira a garantir que, mais cedo ou mais tarde, nos encontremos e tenhamos uma boa chance de reconhecermos um ao outro, apesar da amnésia que nossa consciência sofre quando chegamos à Terra. É óbvio que os espíritos que encontramos durante o período de Orientação ainda não encarnaram e nem são Entidades Negras. Se as pessoas mais importantes em nossa vida futura já estiverem encarnadas, provavelmente nos encontraremos com seus Guias Espirituais. Gêmeos, trigêmeos e outros nascimentos múltiplos sempre se encontram mais do que a maioria de nós durante a Orientação para elaborarem juntos mais detalhes de seus mapas. Mas qualquer outro espírito que selecionamos para afetar de maneira expressiva a nossa vida, assim como aqueles cujas vidas nós iremos afetar, farão parte de nossa Orientação. Isso também explica esse sentimento de familiaridade que experimentamos ao encontrar determinadas pessoas na Terra ou a afinidade especial que sentimos com um membro da família.

De vez em quando todos nós experimentamos momentos rápidos, em que temos a sensação de já ter vivido a mesma situação pela qual estamos passando. Essa sensação é fugaz e nos deixa intrigados, mas logo a esquecemos. A verdade é que não vivemos aquele momento antes. Durante a Orientação, incluímos aquele ínfimo instante na existência que estávamos planejando antes de vir para a Terra. É um sinal raro que ressoa de nosso subconsciente à nossa mente consciente e que diz: "Eu me lembro do mapa que elaborei", um vislumbre rápido e abençoado do Lar.

Outros sinais de nossos mapas aparecem sob a forma do que chamamos de "coincidências". Tenho certeza de que você já experimentou muitas delas em sua vida. Uma canção que você não ouvia há muitos anos de repente lhe vem à cabeça aparentemente "sem motivo", e uma hora mais tarde você entra em seu carro e ouve no rádio a mesma canção. Ou está escrevendo uma carta para um amigo que não vê há muito tempo e, de repente, ele telefona para a sua casa. Podemos considerar as coincidências apenas como situações pitorescas, mas elas são algo muito mais interessante: uma memória consciente, uma antevisão de um momento do mapa que elaboramos, mais provas do Lar e do fato de que, naquele instante, nossa vida estava em perfeita sincronia com os planos que fizemos.

Depois de completar a longa e árdua tarefa de elaborar nosso mapa de planejamento, decidindo com base em nossos objetivos, nossos Temas de Vida e Linhas de Opção, saímos da sala de Orientação e, com nosso Guia Espiritual, vamos ao encontro do Conselho.

O Conselho e o nosso mapa

O papel do Conselho em nossa preparação para a viagem que nos espera é decisivo porque ele exige que repensemos os nossos Temas de Vida, as crises potenciais que planejamos e cada área de nossos objetivos que possa nos causar uma dor tão intensa que nos faça perder o sentido daquilo que esperamos alcançar. Mesmo com os esforços de nosso Guia Espiritual para evitar que cometamos tais excessos, ainda existe a possibilidade de que apresentemos ao Conselho um mapa com ambições pouco realistas. Com sua sabedoria, os membros do Conselho conversam conosco sobre cada passo, fazendo perguntas e defendendo mudanças para o nosso bem-estar.

"Bob", poderiam dizer, "você escolheu o tema da rejeição, mas planejou que o seu pai o renegue quase ao mesmo tempo em que você perde o emprego. Como vai lidar com essa situação? Vai ficar doente, deprimido ou amargo? Talvez você use isso como uma oportunidade de auto-análise e para descobrir como você mesmo contribuiu para tais rejeições, mas talvez aproveite para exercitar um de seus pontos de saída. Será que você não aprenderia mais e melhor com cada experiência se colocasse mais tempo entre elas?"

Se acharem necessário, os membros do Conselho poderão procurar vidas de outras pessoas cujos temas são iguais aos nossos como exemplos positivos ou negativos de como os desafios que pretendemos assumir foram encarados. Além de respeitarmos profundamente a sabedoria do Conselho, a oportunidade de assistir concretamente às conseqüências de nossas escolhas antes de finalizá-las é fundamental. Em quase cem por cento das vezes, com a observação dessas outras vidas e o encorajamento amoroso e protetor do Conselho, acabamos fazendo algumas alterações em nossos mapas para maximizar o valor das lições que decidimos aprender durante o nosso tempo na Terra.

Em raríssimas ocasiões, alguém deixa de permitir que o Conselho o convença a ajustar o seu mapa a uma seqüência e uma freqüência de eventos mais suportáveis. Sempre que uma pessoa segue em frente com uma encarnação que não atende às observações do Conselho, a vida terrena se torna esmagadora demais e acaba em suicídio.

Neste ponto eu gostaria de esclarecer um mal-entendido: é a teoria de que, quando alguém experimenta em sua vida muitos sofrimentos ou extraordinários desafios, está recebendo um castigo por algum ato terrível cometido numa vida passada. Na verdade, a idéia é exatamente oposta. Quando o Conselho aprova um mapa com enormes dificuldades, ele está expressando a sua fé no desenvolvimento do espírito que o elaborou, como se dissesse: "Sabemos que você tem capacidade para administrar isso e que os seus objetivos ao assumir tais obstáculos valem o sacrifício que você estará fazendo." Em outras palavras, desafios descomunais são um sinal da mais alta consideração do Conselho e não uma forma de pagar faltas cometidas em uma vida passada.

Um dos exemplos mais marcantes de um espírito que planejou uma vida curta e difícil para si, buscando com isso conseguir um bem maior, com a aprovação do Conselho, foi o de uma criança chamada Abby. Ela nasceu cega, surda e muda em conseqüência de doenças da mãe durante a gravidez. Para completar o quadro, o bebê era o décimo segundo filho de um casal que tinha poucos recursos financeiros e nenhuma habilidade para controlar sua agitada e indisciplinada prole, sempre envolvida em problemas na escola e até com a polícia.

Fui apresentada a essa família um pouco antes do nascimento de Abby e pude testemunhar pessoalmente o milagre que essa menina criou naquele grupo pobre, perturbado e desagregado. No primeiro instante em que a viram, todos reagiram com imediata compaixão diante da inocência indefesa da recém-nascida. Incapaz de dizer ou ouvir uma única palavra e de ver seus rostos, Abby tocou o coração de cada um deles, despertando em seu íntimo um sentimento de propósito e compromisso. Seu sorriso ao mínimo toque dos familiares, a confiança incondicional daqueles braços pequeninos ao redor de seus pescoços quando eles a colocavam no colo ou a faziam dormir, os beijos que ela retribuía com tanta alegria fizeram onze crianças e dois adultos ultrapassarem suas desesperanças e devolveram a eles a compaixão responsável que há muito haviam perdido. Tornaram-se uma família, trabalhando juntos para cuidar de uma criança que jamais seria capaz de cuidar de si mesma. Ao aprenderem a amar Abby, reaprenderam a amar uns aos outros.

Abby tinha apenas oito anos quando morreu de complicações causadas por uma pneumonia. Perdê-la foi uma verdadeira tragédia para todos os que a conheceram, inclusive para mim. Mas constatei a maravilhosa transformação que os oito anos de vida daquela menina provocaram nos treze membros da família e em todas as pessoas que conviveram com ela.

Seria Abby um espírito castigado com defeitos físicos por transgressões passadas? De jeito nenhum. Ela foi, e é, uma alma altamente desenvolvida em quem o Conselho depositou grande fé, uma prova de que, quaisquer que sejam os sacrifícios que planejamos para nós mesmos, é a maneira como lidamos com eles que determina o sucesso de nossas vidas.

Quando o mapa fica completo, nosso último ato na sagrada presença do Conselho é recrutar a ajuda especial que vai nos proteger durante toda a existência que nos espera: uma ajuda em forma de Anjos.

Só deixamos o Conselho quando nosso mapa está completo e temos assegurada a abençoada proteção dos Anjos.

Dali seguimos para as Torres, para mais um desafio no processo de saída do Lar.

10

Dizendo adeus

A reunião para a nossa despedida nas Torres, com nossos queridos amigos, inclusive o nosso Guia Espiritual, é uma ocasião sem tristezas. Todos sabemos que nosso tempo fora do Outro Lado será breve, um piscar de olhos no contexto da eternidade.

Mas também sabemos de uma indiscutível verdade sobre a encarnação: no instante em que retornarmos à Terra quase não teremos lembranças conscientes do Lar e muitas vezes duvidaremos de sua existência. Neste caso, não seremos capazes de encarar os momentos de tristeza e de alegria que inevitavelmente viveremos na Terra como oportunidades – planejadas por nós – de crescimento espiritual.

Nossos amigos do Outro Lado nos desejam sucesso na viagem e se afastam. Não é um gesto de rejeição, mas uma atitude que revela imensa bondade e respeito, tão difícil para eles quanto para nós. Afastam-se para nos deixar partir com a promessa de estar conosco em cada passo do caminho, incentivando-nos através de vozes internas que provavelmente nem teremos consciência de ouvir.

Se você já se perguntou por que sempre experimenta uma sensação de abandono no fundo de seu coração, mesmo que os eventos de sua vida não a justifiquem, posso lhe garantir que você já chegou na Terra com tal sensação, resultante daquela última reunião nas Torres, quando, por amor, seus melhores amigos e o seu Guia Espiritual deixaram que você empreendesse sem eles a difícil e solitária jornada à qual, por amor a Deus, você vai se dedicar.

A PREPARAÇÃO FINAL

Passamos então para uma das salas de embarque situadas nas Torres, esperando pela viagem que decidimos empreender. O líder do grupo de Orientadores está lá, esperando por nós, com sua habilidade, sua calma e seu amor infinito, pronto para nos colocar a caminho.

Nós nos deitamos numa mesa macia e confortável, coberta por mantas que nos aconchegam com suavidade. Com o mapa ainda claro em nossa mente e o ponto de destino já demarcado, nosso corpo vai tomando forma no útero da mulher que selecionamos para ser nossa mãe biológica na Terra.

Somos induzidos a um estado de sonolência e inicia-se o processo de descida, em que os espíritos vão diminuindo de tamanho. Um túnel se levanta de nossa substância etérea – lembre-se, na direção transversal, não de cima para baixo – e é através desse túnel que descemos os noventa centímetros que separam a dimensão do Outro Lado do útero que espera por nós na Terra.

Nosso espírito alterna muitas entradas e saídas do embrião antes do nascimento, para evitar que nossa reentrada seja abrupta demais causando um choque emocional e espiritual.

A última coisa que sentimos antes de deixar o Outro Lado para cada nova, assustadora e corajosa existência é o toque do Dedo de Deus, assegurando a cada um de nós, Seus filhos, que o Seu amor perfeito, incondicional e eterno irá iluminar o nosso caminho em todos os nossos dias na Terra e na volta, através do túnel que algum dia nos levará, sãos e salvos, mais uma vez, de volta ao Lar.

Palavras finais

Era uma noite fria e sem lua. Minha amada nora Nancy Dufresne e eu estávamos perto do mar, abraçadas. A dor que ela sentia pela morte do pai ainda era recente, crua, tão implacável e constante quanto as ondas que batiam em nossos pés. Enquanto eu a abraçava e acariciava seus cabelos, desejando do fundo do coração que cada movimento de minhas mãos fosse capaz de afastar sua dor, ela me lançou um olhar de completo desamparo e sussurrou:

– Somos órfãs agora, mãe, eu e você. Nós compartilhamos isso.

Ela estava certa, mas por algum motivo, apesar de também ter perdido meu pai e minha mãe, eu nunca havia assimilado o conceito de ser "órfã", como se essa palavra subentendesse uma idade-limite. Aquela simples afirmação, como acontece com todas as verdades, ressoou no fundo da minha alma e chorei com Nancy. Nós nos abraçamos com mais força e sei que ela imaginou se algum dia voltaria a se sentir verdadeiramente feliz. Porém, através da graça de Deus, por causa de Sua graça, tínhamos uma à outra e sabíamos, com a mais absoluta das certezas, que daquele momento em diante seria sempre assim.

Desde então comecei a pensar na angústia e na dor da saudade do Lar, no quanto todos nós somos órfãos quando chegamos aqui, tão distantes da presença tangível do Pai e da Mãe-Deus que primeiro acenderam a chama da vida eterna em nossos espíritos.

Pouco tempo depois daquela noite, Nancy deixou sobre a minha mesa-de-cabeceira algumas páginas escritas por ela. Junto havia um bilhete que dizia: "Por favor, leia isto quando estiver sozinha. Escrevi para você."

Com a permissão de Nancy, estou compartilhando a mensagem, na esperança de que ela lhe dê o mesmo consolo que sempre me traz na minha dor mais solitária e órfã, quando anseio pelo toque do amor divino e incondicional dos meus Pais:

Na quietude da noite, senti um calafrio. Puxei as cobertas para perto do rosto, mas isso não me trouxe alívio.

Meu coração bateu diferente. Um eco zumbia em meus ouvidos, era a voz da solidão.

Levei as mãos aos ouvidos para não escutá-la, mas me descobri incapaz de mudar o que tinha que ser.

Apertei os braços contra o peito, mas não eram como os braços que eu desejava.

Olhei dentro das sombras e pensei: Quem vai reconhecer a menina que se esconde em meus olhos? Quem vai compreender o que existe sob os meus suspiros? Alguém irá perceber que minhas risadas soam falso ou que meu sorriso esconde uma dor?

Haverá algum lugar onde meu coração possa de novo sentir-se em casa? Onde irei encontrar alguém que possa segurar-me a mão e, nesse simples contato, fazer adormecer um pouco a dor que vive dentro de mim? Que olhos verão a força da minha dor e não as minhas fraquezas? Onde encontrarei quem tenha uma lágrima descendo suavemente pela face, uma lágrima igual à minha, que fez o mesmo percurso?

Acendi a luz esperando que a claridade me trouxesse nova perspectiva e coragem, mas de nada adiantou.

Corri para o espelho e estudei a minha imagem. Não me reconheci. Eu era apenas uma menina, pequena demais para ter um rosto tão adulto, uma menina que ainda precisava de amor e pro-

teção, coragem e orientação. Quis gritar. Eles sempre vinham quando eu tinha medo, mas eu sabia que ninguém mais poderia vir!

Olhei dentro de meus olhos, procurando por "eles". Tive um rápido vislumbre, mas isso me trouxe mais saudade e raiva do que alívio e paz.

Apertei os joelhos contra o peito e abracei as pernas, como se fosse uma armadura, mas logo descobri que não adiantava. Na escuridão, engatinhei como um bebê, procurando a cama e quaisquer fragmentos de respostas que pudessem se esconder na noite.

Então, no silêncio, senti algo ao meu redor, algo macio e bem-vindo. Chegou em ondas, num movimento rítmico constante. De olhos abertos, vi um leve raio de luz brilhando através das persianas. Enquanto observava aquele fio de luz dançante recordei um momento quando estava sentada perto do mar. Lembro-me de ter me sentido tragada pela vasta e misteriosa essência do oceano. A menina perdida gritou num pânico silencioso. A órfã que eu me tornara levantou a cabeça em busca da luz mais preciosa. Vi outra criança procurando em meio à dor. Seus belos olhos marejados, cheios de emoção. Pude ouvir seu coração gritar e senti a angústia que a oprimia. Pude ver a menina valente em que ela havia se transformado e reconheci em seu rosto medos silenciosos.

Então ela me abraçou, os braços de uma menina em busca de consolo, os braços de uma mulher forte, de uma mãe amorosa, de uma alma irmã. Por um instante nossos olhos e nossos corações conversaram. Nossa dor encontrou a porta aberta que nos levaria a um lugar seguro, um lugar onde poderíamos ser quem tantas vezes precisamos ocultar, um lugar que nos fazia sentir em casa.

Por isso, quando o visitante noturno voltar, como sei que voltará, trazendo a tortura das dúvidas e do vazio, quando ele me trouxer saudades daquilo que um dia foi e o medo de perder a mim mesma sem que ninguém perceba, quando eu não puder encontrar minha própria casa, procurarei a porta aberta. Quando o visitante me lembrar do quanto anseio por um lugar seguro para descansar meu coração, por uma ligação sincera com uma alma em quem confio, vou me lembrar do seu toque e de suas lágrimas. Quando o visitante noturno chegar até você, fazendo com que se sinta só, lembre-se de que eu também posso dar ao seu coração o mesmo abrigo que você deu ao meu. Quando o visitante noturno chegar até nós, vamos desviar nossos olhos de seu rosto familiar, vamos nos lembrar, vamos voltar para você e eu e o nosso momento sentadas junto ao mar.

Apêndice

Os Temas de Vida que se seguem, como eu disse no nono capítulo, formam a lista de onde escolhemos os Temas Primário e Secundário que atendem os objetivos que planejamos cumprir durante o breve período que passaremos fora do Outro Lado. À medida que você os ler, pergunte-se qual deles melhor define a verdadeira força propulsora que faz você seguir em frente dia após dia e qual deles descreve a compulsão que desvia você dessa força.

- *Analista* – Os analistas são aqueles que possuem um incansável desejo de compreender como e por que as coisas funcionam, o que os torna brilhantes quando executam trabalhos técnicos, mas, por outro lado, os faz correr o risco de deixar de perceber o cenário maior que os rodeia.

- *Ativador* – Os ativadores são aqueles que localizam e reparam os problemas, que se sentem gratificados por realizar um trabalho da maneira correta, resolvendo os casos que outros não conseguiram. Sua falha mais comum é assumir tantas responsabilidades que acabam não sendo capazes de cumprir nenhuma delas satisfatoriamente.

- *Esteta* – Os estetas sentem uma enorme necessidade de criar alguma forma de beleza artística, seja na música, dança, teatro, literatura, pintura, escultura ou arquitetura. Este tema tanto pode resultar em grandes privilégios como pode tornar-se um fardo se o tema secundário for, de alguma forma, autodestrutivo.

- *Carregador de bandeiras* – Os carregadores de bandeiras protestam publicamente e em voz alta contra tudo o que consideram injusto. Correm sempre o risco de não perceber que poderiam expressar sua opinião de maneira mais eficaz se começassem por uma abordagem mais comedida.

- *Catalisador* – Os catalisadores botam as coisas para a frente, mobilizando e fazendo-as acontecer. São os primeiros a dizer: "Vamos parar de conversar e começar a agir" e trabalham melhor sob estresse. Seu maior problema é conseguirem se sentir em paz quando não há um projeto a ser cumprido.

- *Construtor* – Os construtores são os heróis da sociedade que ficam sempre nos bastidores e que, de certa maneira, moldam os troféus que serão entregues às pessoas cujos Temas de Vida as tornam mais visíveis. Apesar de sua contribuição ter enorme importância para o progresso do ser humano, precisam trabalhar muito para confiar no papel que desempenham e superar a tendência de se sentirem pouco valorizados.

- *Controlador* – Os controladores bem-sucedidos organizam, supervisionam e delegam responsabilidades àqueles que os rodeiam, apoiando-os com sua sábia discrição. Os malsucedidos são ditatoriais, críticos e cronicamente insatisfeitos até com o maior dos esforços daqueles que consideram sob sua responsabilidade. Nos piores casos, o maior problema dos controladores é a sua falta de autocontrole.

- *Cura* – Embora a maior parte dos que optam por esse tema busque profissões ligadas às áreas médicas ou psiquiátricas, o mesmo tema impulsiona qualquer pessoa que se dedique a aliviar a dor e melhorar o bem-estar físico e emocional da humanidade. Essas pessoas precisam desenvolver o equilíbrio essencial entre envolvimento emocional e objetividade e a maneira saudável de lidar com o intenso e singular desgaste ao qual esse tema os submete.

- *Defensor de causas* – Se os carregadores de bandeiras são os soldados rasos no exército da desobediência civil, os defensores de causas são os generais. Eles se metem em conflitos ligados a quaisquer questões sociais que os inspirem e muitas vezes, quando não existem tais questões, eles mesmos as criam. Quando não se controlam, deixando-se dominar pelo próprio ego, lutam para atrair mais atenção sobre si do que sobre as causas que estão defendendo.

- *Emotivo* – O tema da emotividade constitui, ao mesmo tempo, uma bênção e uma maldição, pois é caracterizado pela extraordinária habilidade de sentir, de maneira muito intensa, o mais amplo leque de emoções humanas. Os que optam por esse tema possuem uma imensa capacidade de empatia. Entretanto, é muito importante que mantenham a tranqüilidade em suas vidas, pois, sem ela, tendem a se sentir como se vivessem numa constante montanha-russa, que foge ao seu controle.

- *Espiritual* – O tema da espiritualidade leva a uma busca incessante pela paz espiritual e pelo acesso constante à sensação de estar diretamente ligado a Deus. Alguns fazem dessa busca uma profissão, tornando-se espiritualistas, sacerdotes, escritores ou teólogos. Na procura por respostas, os que optam por esse tema descobrem cada vez mais perguntas, o que faz com que sua busca seja ao mesmo tempo estimulante e interminável. Quando é manifestado com real generosidade, o tema da espiritualidade inspira, informa e estimula aqueles que entram em contato com ele. No extremo oposto, entretanto, pode gerar uma atitude de egocentrismo, superioridade e crítica em relação às crenças de outras pessoas, o que entra em contradição com o que este tema representa.

- *Experimentador* – Os experimentadores têm um ímpeto insaciável de se entregar a qualquer atividade que desperte o seu interesse. Variedade e participação precisam ser constantes em sua vida e eles acham perfeitamente natural que uma pessoa dirija um restaurante e, de repente, resolva se juntar à tripulação de um navio que vai dar a volta ao mundo, depois decida passar o verão jogando beisebol num acampamento ou comece a vender incenso artesanal pela Internet. Quando bem-sucedidos, são incrivelmente dinâmicos. Caso contrário, tendem a tornar-se irritantemente indulgentes com eles mesmos e irresponsáveis.

- *Falibilidade* – Somente os espíritos mais desenvolvidos assumem por vontade própria esse tema e optam por nascer com problemas físicos, mentais ou emocionais. Na Terra, eles ensinam, através de bons e maus exemplos, como lidar com desafios e obstáculos especiais. No Lar, estão entre os mais habilidosos professores e orientadores.

- *Guerreiro* – Os que optam pelo tema do guerreiro transformam-se nos corajosos heróis anônimos que correm para onde quer que a sua presença seja necessária, juntando-se à linha de frente do desafio mais imediato. São os bombeiros, paramédicos, policiais honestos, astronautas, pioneiros, exploradores, professores e pesquisadores, os voluntários nas guerras contra o crime, as drogas, os desastres naturais, as gangues de adolescentes, o suicídio, a fome e o desabrigo. São os soldados prontos a proteger a paz e a igualdade por todo o mundo, são pessoas que assumem riscos e cuja devoção é sempre mais visível do que sua identidade individual. Se não for voltada para uma causa, a agressão destemida do guerreiro pode se tornar destrutiva. Por outro lado, quando essa agressão está direcionada para construção da paz, da segurança, da expansão e do benefício das comunidades universais, o tema do guerreiro pode fazer história.

- *Harmonia* – O tema da harmonia requer paz, calma e equilíbrio absolutos, e aqueles que o escolhem são capazes de resolver desentendimentos com facilidade e trazer uma miraculosa ordem para as situações caóticas e as crises. Seu desafio é suportar os inevitáveis tempos em que a paz, a calma e o equilíbrio simplesmente não estão entre as alternativas viáveis.

- *Humanitário* – Os humanitários não têm tempo para sentar e conversar sobre as injustiças da vida. Estão ocupados demais nas linhas de frente, enfrentando concretamente as injustiças e os problemas onde quer que existam. São destemidos e ferozes em nome dos famintos, dos desabrigados, dos feridos, dos sofredores, dos pobres, dos que não têm instrução, dos que sofrem abusos, dos acidentados. Eles sabem que o trabalho a ser feito jamais terá fim, mas precisam aprender a andar devagar para não ficarem cansados demais ou perderem a motivação para lutar.

- *Infalibilidade* – Se você já conheceu pessoas que parecem ter nascido com todas as vantagens possíveis, sem dúvida conheceu alguém que optou por esse tema. Se de um lado elas podem despertar inveja, por outro seus inevitáveis problemas quase nunca são levados a sério, o que as deixa ressentidas. Tudo isso, aliado ao fato de terem recebido tantos privilégios sem precisarem lutar por eles, torna essas pessoas freqüentemente vulneráveis a excessos e comportamentos autodestrutivos, seja para igualar-se ao mundo menos afortunado que as rodeia, seja por faltar-lhes a qualidade adquirida quando nos empenhamos para merecer o que possuímos.

◆ *Intelectualidade* – Aqueles que possuem o tema da intelectualidade são impelidos por uma necessidade insaciável de estudar e de estar sempre expandindo os seus conhecimentos. O ideal é que apliquem esses conhecimentos para melhorar o mundo em que vivem. Entretanto, dependendo do seu Tema Secundário, essas pessoas podem guardar para si tudo o que aprendem, com o único objetivo de manter um falso sentimento de superioridade.

◆ *Interpretação* – Os que possuem este tema anseiam pelos holofotes, mas nem todos os que optam por ele encontram o seu caminho no cinema, teatro, circo ou outros meios de entretenimento. Na escola costumam assumir o papel do palhaço da turma, mais tarde tornam-se os brincalhões do escritório. São capazes de ir a uma festa com um terno rosa, gastam uma fortuna no bar ou restaurante, dirigem em alta velocidade, rindo e acenando. Com freqüência, a opinião que essas pessoas têm de si mesmas depende da opinião dos outros. As que conseguem ser bem-sucedidas aprendem a desenvolver maneiras de se tornar a sua própria fonte de alimento emocional e espiritual.

◆ *Irritante* – Se você nunca encontrou pessoas irritantes em sua vida, deve ser jovem demais para estar lendo este livro. Os irritantes são a personificação da negatividade, sempre impertinentes, sempre reclamando, sempre prontos a apontar defeitos, mesmo naqueles a quem dizem amar. Seu desafio é vencer a negatividade que faz parte de sua natureza. Quando nos envolvemos com eles, nosso desafio consiste em aprender mais sobre a tolerância, o que não significa concordar com seus pontos de vista.

• *Justiça.* – Este tema exige uma busca infindável pela justiça e uma indignação ativa contra qualquer iniqüidade, grande ou pequena. Quando Deus está no centro do conceito de justiça, este tema é desenvolvido de maneira primorosa e já foi assumido por heróis como o reverendo Martin Luther King Jr., Abraham Lincoln, Gandhi e Nelson Mandela. Quando o conceito de justiça é orgulhoso, obscuro e afastado de Deus, esse tema pode inspirar a criação de grupos que praticam crimes ligados ao ódio ou à busca de justiça pelas próprias mãos.

• *Legalidade* – Os que optam por esse tema dedicam-se a defender as leis do país (que, infelizmente, nem sempre são compatíveis com justiça) e são, em geral, nossos policiais, juristas, juízes e professores de direito. Os melhores desse tema são excelentes funcionários públicos sem os quais viveríamos em completa anarquia. Os piores abusam do poder e dos detalhes técnicos da lei, acabando por corrompê-la.

• *Líder* – Aparentemente o tema do líder parece invejável. Mas os que optam por ele invariavelmente evitam riscos e preferem escolher áreas já conhecidas para exercer a sua liderança, desperdiçando um talento que poderiam utilizar inovando e se tornando pioneiros em terreno desconhecido. Aqueles que são eleitos representantes do povo, por exemplo, possuem óbvias habilidades de liderança, porém, assim que tomam posse, correm o perigo de acomodar-se no poder em vez de usar a oportunidade para mudar e aprimorar a humanidade.

• *Manipulador* – Os manipuladores possuem o dom singular de controlar as ações e emoções das outras pessoas visando ao seu próprio benefício. Quando esse dom é dedicado ao bem do próximo, os manipuladores podem se tornar influentes colaboradores da sociedade. Quando é egoísta, dedicado ao bem dos próprios manipuladores, eles podem se tornar destrutivos para quem não perceba que se trata de um jogo de poder em que, quase inevitavelmente, os outros saem perdendo.

◆ *Mediunidade* – Apesar das evidências, este não é o meu tema. No meu caso, o dom mediúnico é um dos veículos que me permitem desempenhar o tema que escolhi, o humanitário. Os que abraçam o tema da mediunidade costumam enfrentar uma enorme desaprovação e, muitas vezes, são acusados de ter sofrido algum tipo de perturbação mental na infância, época em que suas habilidades começam a se manifestar. Eles enfrentam dois grandes desafios: precisam aprender a usar seus dons para melhorar as condições da humanidade sem jamais enganar ou manipular e devem sempre lembrar-se de que o crédito pela ajuda que oferecem pertence a Deus e não a eles.

◆ *Paciência* – Os que escolhem a paciência como tema aspiram por um nível muito alto de desenvolvimento, pois poucas virtudes são mais difíceis de se encontrar e de se manter na Terra. Na verdade, é comum que um espírito viva esse tema por mais de uma encarnação no esforço de aperfeiçoá-lo. O tema da paciência envolve alguns deslizes quando o estresse se torna esmagador, além de um ressentimento ocasional quando aqueles que demonstram total falta de paciência conseguem atrair atenção e resultados mais imediatos.

◆ *Pacificador* – O pacificador é tão zeloso em sua aversão pela violência e pela guerra que, ironicamente, pode se tornar violento na tentativa de acabar com elas, como aconteceu com alguns dos mais notórios manifestantes radicais contra a guerra nos anos sessenta. Sua paixão pela paz excede em muito a sua paixão pelo patriotismo ou por qualquer organização à qual estejam ligados, e eles são capazes de fazer de tudo para que seus esforços atraiam ao máximo a atenção pública, colocando-os sob holofotes. Seu crescimento espiritual vem da aprendizagem de que mesmo que a violência seja exercida em nome da paz ela continua a ser violência, e que, na realidade, eles estão perpetuando aquilo que querem destruir.

- *Passividade* – O tema da passividade é caracterizado por uma extrema sensibilidade aos conflitos emocionais e por sempre evitar o confronto quando há desentendimento. Os que optam por este tema expressam calmamente suas opiniões por quererem evitar as rupturas que as discussões talvez provoquem. Essa ausência de confronto pode ser confundida com medo ou fraqueza.

- *Peão* – Os peões desempenham um papel primordial no mundo, pois através de sua vontade de se deixar manipular eles freqüentemente dinamizam acontecimentos significativos, para o bem ou para o mal. Por exemplo, foi necessário um peão chamado Judas para trair Jesus e oferecer uma contribuição trágica e expressiva ao nascimento do cristianismo. Obviamente, o maior desafio dos peões é aprender a identificar as causas às quais devem dedicar sua energia e as que devem evitar a qualquer custo.

- *Perdedor* – As pessoas que escolhem este tema são tão abençoadas quanto quaisquer outras, mas insistem de tal forma em desempenhar o papel do oprimido que acabam encontrando inúmeras maneiras de desperdiçar os benefícios que possuem e, depois, culpam a todos por suas adversidades reais ou imaginárias. Sentem-se facilmente entediadas quando não há um melodrama em sua vida e, nesse caso, procuram criá-lo. Seu desafio consiste em aprender a contribuir com a sociedade em vez de achar que essa sociedade lhes deve algo. Se houver um perdedor em nossas vidas, nosso desafio consiste em deixá-lo lidar com suas dificuldades, em vez de procurar resolvê-las, e fazer com que comece a assumir a responsabilidade por seus próprios problemas.

- *Perseguição* – Os perseguidos passam a vida inteira tensos, desviando-se do próximo golpe, da próxima crise, do próximo desastre, na certeza de que um míssil com o seu nome gravado está à espreita, quase atingindo o alvo. Eles evitam a alegria porque estão convencidos de que irão perdê-la no momento em que se acostumarem a ela, e facilmente abraçam o infortúnio como a situação em que se sentem mais à vontade. Aprender a vencer este tema e começar a exigir a verdadeira felicidade, apesar do risco de decepções, pode levar o espírito a um desenvolvimento altamente acelerado.

- *Perseguidor* – Assim como as Entidades Negras, os perseguidores são sociopatas que justificam a si mesmos e não sentem remorso. Porém, ao contrário do que ocorre com as Entidades Negras, os perseguidores não atravessam a Porta Esquerda. Eles vêm do Outro Lado e voltam para lá escolhendo este árduo tema durante uma única encarnação com o objetivo de eventualmente ocasionar o progresso dos sistemas legal e judiciário, da consciência moral e social, levando a uma sociedade mais iluminada.

- *Pobreza* – Este tema não implica necessariamente falta de dinheiro ou de posses. É verdade que ele é mais aparente nos países do terceiro mundo, mas pode se manifestar em qualquer pessoa que, apesar de rica, mantenha uma atitude constante de privação. É um tema muito difícil quando atinge o extremo e seu triunfo fundamental é a consciência não apenas da esperança, mas da promessa de eternidade, assim como a mais absoluta crença de que mesmo os mais pobres logo estarão entre os mais prósperos residentes do Lar.

• *Rejeição* – A escolha da rejeição como tema costuma incluir uma infância na qual falta de afeto e abandono têm um papel todo especial, além de uma tendência a atrair uma série de amizades e relacionamentos amorosos nos quais essas mesmas características são uma constante ameaça. Apesar de ser um tema difícil, é reconfortante saber que a rejeição não é um padecimento fortuito e involuntário, mas um tema que impomos a nós mesmos com o objetivo de descobrir que, quando tomamos posse de nossa identidade como filhos de Deus, a rejeição neste mundo vai perdendo cada vez mais o seu sentido.

• *Responsabilidade* – Para as pessoas que abraçam este tema, o conceito de responsabilidade não tem nada a ver com um fardo e sim com uma real condição emocional. Elas se sentem mais felizes quando estão se dedicando a completar um projeto e têm dificuldade de ignorar qualquer coisa que precise ser feita, seja ou não tarefa sua. Seu desafio está em controlar o estresse que resulta da constante procura por algo a ser realizado e em compreender quando chega o momento de dar um passo atrás e deixar que outras pessoas compartilhem da gratificação de assumir responsabilidades.

• *Salvador* – Os salvadores sentem o impulso de correr para prestar socorro a qualquer pessoa que considerem vítima. São atraídos pela fraqueza e pelo desamparo e sobressaem-se em situações de crise. Por causa disso, são presas fáceis de pessoas que se comprazem em conseguir a atenção de alguém que corre para o seu lado ao primeiro sinal de problemas. Os salvadores podem ser heróis muito altruístas da sociedade, mas precisam aprender a distinguir uma crise verdadeira de uma imaginária e saber que, mesmo quando não estão em missão de socorro, são pessoas de grande valor.

- *Seguidor* – Os seguidores desempenham uma função essencial neste mundo, pois sem eles não existiriam líderes. Seguidores confiáveis e generosos podem ser uma das mais poderosas forças da sociedade, trazendo apoio onde ele é mais necessário. Entretanto, uma lição crucial que o seguidor deve aprender é que nem todos os líderes nem todas as causas merecem ser seguidos.

- *Sobrevivente* – Aqueles que escolhem este tema estão optando por encarar sua vida como se fosse um longo teste de resistência, com ameaças potenciais espreitando em todas as esquinas. Eles têm a sensação de que, de alguma forma, foram selecionados para lidar com uma série ininterrupta de crises, embora, aos olhos das outras pessoas, essas situações não passem de desafios normais do dia-a-dia. Os sobreviventes carecem do senso de humor – sobretudo em relação a si mesmos – que poderia evitar muito do melodrama com o qual encaram todos os momentos de sua vida. Eles prestam um grande serviço a si mesmos quando param de dedicar tanta energia à defesa de sua vida e passam a vivê-la.

- *Solitário* – Os solitários não são necessariamente anti-sociais. Na verdade, eles podem se mostrar bastante à vontade em situações de convívio com outras pessoas. Entretanto, só experimentam relaxamento e conforto verdadeiros quando estão sozinhos e costumam adotar estilos de vida para evitar o contato social exagerado, que consideram desgastante.

- *Temperança* – O tema da temperança pode implicar um desinteresse inato por qualquer coisa que tenha o potencial de provocar dependência. Na verdade, os que optam por este tema são conscientes de qualquer dependência potencial – de uma substância, um estilo de vida, sexo, dinheiro, uma pessoa, uma profissão – contra a qual precisam estar em constante luta para não ceder. A recusa a serem vitimadas pela própria vulnerabilidade faz com que essas pessoas sejam grandes inspiradoras de atitudes positivas. Por outro lado, elas podem se tornar psicóticas em sua rejeição a tudo aquilo pelo qual temem sentir-se atraídas e correm o risco de adquirir uma postura de extrema superioridade em relação aos que não conseguem demonstrar a mesma moderação.

- *Tolerância* – Quando a tolerância é exercida de maneira discriminada, pode se tornar um tema poderoso e um exemplo a ser seguido pela sociedade. Porém, as pessoas que optam por esse tema precisam resguardar-se de sua tendência natural a tolerar tudo, inclusive o intolerável e o inaceitável. Se o estresse de tentar ser universalmente tolerante torna-se grande demais, os que não aprendem a ser seletivos costumam isolar-se para diminuir o número e a variedade das coisas que elas acham que devem tolerar. Em outras palavras, até um tema como a tolerância, que parece tão produtivo, só tem valor quando usado com moderação.

- *Vencedor* – Embora os que abraçam o tema do vencedor nem sempre vençam, eles mantêm uma arrebatadora compulsão por vencer. Eternos otimistas, algumas vezes de maneira pouco realista, os vencedores podem desenvolver uma amnésia instantânea quanto às perdas e convencer a si mesmos de que o próximo relacionamento, o próximo emprego, o próximo bilhete de loteria, a próxima rodada da roleta, o próximo telefonema, a próxima corrida de cavalos, o próximo casamento ou mesmo o próximo filho, irão finalmente trazer felicidade e segurança eternas. Seu talento para recuperar-se rapidamente dos fracassos e seguir em frente com a mesma confiança pode ser um exemplo estimulante. Mas sua dificuldade de introspecção e disciplina e sua tendência a ignorar o pássaro que têm na mão em nome da improvável chance de pegar os dois que estão voando podem fazer com que se desesperem e se tornem dependentes e vulneráveis a cada promessa vazia que aparece em seu caminho.

- *Vítima* – Este tema é escolhido somente por aqueles espíritos altamente desenvolvidos, pois eles dedicam sua encarnação ao sacrifício para o aperfeiçoamento da humanidade. São as vítimas de abusos e assassinatos, principalmente as crianças, são os alvos de crimes de ódio, os mortos e sobreviventes do Holocausto que vivem com memórias cruéis, os réus condenados e/ou executados injustamente, qualquer pessoa cujo infortúnio inocente denuncie toda e qualquer forma de injustiça social. Por mais que pareçam dolorosas, as vidas dessas pessoas jamais são desperdiçadas e, na verdade, elas permanecem como uma brilhante inspiração para os residentes tanto da Terra quanto do Outro Lado.

- *O que causa vítimas* – Essas pessoas estão aqui com o único propósito de atrair todos os indivíduos sobre os quais podem ter completo controle, não por acreditar que isso irá trazer benefícios à vida de suas vítimas, mas movidas por uma voraz necessidade de comprovar o seu poder absoluto, ainda que fútil e destrutivo. São, em geral, os cônjuges ou amantes patologicamente controladores, os pais fanaticamente zelosos, os fiscais que se comprazem em tripudiar, os criminosos que importunam e ameaçam, o chefe abusivo. Apesar de usar todas as suas forças para ignorar esse fato, os que causam vítimas sabem, em seu subconsciente, duas coisas que os frustram: por um lado, que o seu poder não é verdadeiro, porque ele se exerce sobre aqueles que não têm opção, e, por outro, que existe um poder muito maior em manter por perto alguém que, tendo toda a liberdade do mundo para fazer escolhas, permanece conosco.

Conheça outro importante título de Sylvia Browne

O Outro lado da Vida

Este livro é sobre você.

"É sobre o poder que Deus lhe deu, como se reconectar a ele e como usá-lo bem.

É sobre coisas simples que você pode realizar todos os dias para trazer uma melhora real para sua vida e a vida daqueles que você ama.

É sobre encontros com seu Guia Espiritual e seus Anjos, e com entes queridos que já partiram.

É sobre reencontrar suas vidas passadas e a eternidade do seu espírito.

É sobre sua saúde, seus relacionamentos, sua família, seus filhos, seu propósito em estar aqui e todas as preocupações tão humanas que perturbam o seu sono e sua paz de espírito."

Sylvia Browne

Conheça também outros títulos da Editora Sextante

De Bradley Trevor Greive
– Um Dia "Daqueles" – Uma lição de vida para levantar o seu astral

De David Niven
– Os 100 Segredos das Pessoas Felizes

De Jack Canfield, Mark Victor Hansen e Heather McNamara
– Histórias para Aquecer o Coração – 50 histórias de vida, amor e sabedoria

De James Van Praagh
– Conversando com os Espíritos
– A Força da Vida

De Tom Shroder
– Almas Antigas

De Iyanla Vanzant
– Enquanto o Amor Não Vem
– Um Dia Minha Alma se Abriu por Inteiro
– Ontem, Eu Chorei

Informações sobre os próximos lançamentos

Para receber informações sobre os próximos lançamentos da Editora Sextante, queira entrar em contato com nossa Central de Atendimento, dando seu nome, endereço e telefone para:

EDITORA SEXTANTE
Av. Nilo Peçanha, 155 – Gr. 301 – Centro
20020-100 – Rio de Janeiro – RJ
Tel.: (21) 2524-6760 – Fax: (21) 2524-6755
DDG: 0800-22-6306 (ligação gratuita)
E-mail: atendimento@esextante.com.br

Para saber mais sobre nossos títulos e autores, e enviar seus comentários sobre este livro, visite o nosso *site:*

www.esextante.com.br